RECUEIL

DE

NOUVELLES PIECES PHILOSOPHIQUES,

CONCERNANT

LE

DIFFERENT RENOUVELLÈ

ENTRE

MESSIEURS

JOACHIM LANGE,

Dr. ET PROFESSEUR EN THÉOLOGIE A HALLE,

ET

CHRETIEN WOLF,

PROFESSEUR EN PHILOSOPHIE A MARBOURG,

AVEC

DES AVIS AU LECTEUR,

CONTENANT

L'HISTOIRE DE CE DIFFERENT.

SECONDE EDITION
AUGMENTEE CONSIDERABLEMENT.

1737.

TABLE

des pieces qui ſont contenuës dans ce Volume.

AVIS.

Il eſt connu, que Monſ. Lange, Docteur & Profeſſeur en Theologie de l'Univerſité de Halle, a trouvé, depuis longtemps, beaucoup à redire à la Philoſophie de Mr. Wolf, Profeſſeur à Marbourg. Il lui a imputé publiquement pluſieurs erreurs, également préjudiciables à la Religion & au Gouvernement civil. Mr. Wolf cependant, bien loin d'en convenir, a toûjours ſoûtenu, que ſes écrits enſeignent préciſement le contraire, & que ces imputations ne ſont que des effets de la ſtupidité, ou de la malice de ſon Antagoniſte. Les écrits, que ces deux Savans & leurs Amis ont publiés de part & d'autre ſur ce ſujet, ſont entre les mains de tout le monde.

 Il

Il n'est pas moins connu, que cette dispute obligea Mr. Wolf, il y a 13. ans, de quiter l'Université de Halle, & que Mr. Lange n'a pas discontinué depuis, d'agir avec le même zele contre tous ceux, qui lui ont paru imbus du Sisteme Wolfien. Il n'a pas tenu à lui, qu'il ne les ait entierement bannis des Universités, & de tous les Etáts de S. M. le Roi de Prusse.

Ce differend vient même de se ranimer d'une maniere fort éclatante & peu commune, dont Mr. Lange lui même a pris soin de publier quelques particularités dans un des Avertissemens hebdomadaires de Halle.

„ Ce fut vers la fin du Mois de Mars „dernier, qu'il demanda & obtint, dit-il, „la permission de se rendre à Potsdam. „Il s'y rendit dans la pieuse intention, „de faire brider par quelque Ordre Royal „la Liberté, que quelques Savans de „l'Université de Halle s'étoient donnée, „malgré ses remontrances, d'expliquer „à leurs Auditeurs les principes meta-

„phy-

„physiques de Mr. Wolf, si dangereux, „selon ce Docteur, à la Religion & à „l'Etat, & si nuisibles au lustre de l'Uni„versité. Il obtint même un ordre adressé „à la Faculté de Theologie, par lequel (comme il l'assure, quoique l'ordre n'en dise rien) „les dits Savans sont „menacés de grands deboires, s'ils „continuent ces sortes de Leçons.

Ce qu'il y a de vrai dans tout ce recit, c'est que Mr. Lange insinua tout ce qu'il pût imaginer de plus affreux, pour persuader au Roi, d'interdire la Philosophie de Wolf dans toute l'étendue de ses Etats.

Mais la Sagesse de ce Monarque ne lui aiant pas permis, de decider en dernier ressort d'une dispute si importante, sans l'avoir suffisamment approfondie; & des personnes également illustres par leur Naissance, par le rang, qu'elles tiennent dans le monde, & par leur application aux belles lettres, aiant fait des representations fort differentes des insinuations du Docteur, S. M. ordonna à Mr. Lange de dresser un memoire des principales erreurs, dont il accusoit le dit Sisteme, afin qu'Elle pût le faire examiner par des Savans impartiaux.

Mr. Lange a obei à cet ordre. Il a envoyé le memoire suivant immediatement au Roi, & S. M. selon son équité ordinaire, l'a non seulement fait envoyer à Mr. Wolf, afin qu'il y puisse répondre; mais Elle a aussi permis de le communiquer à un des premiers Savans de sa Residence, lequel pour satisfaire la Curiosité de ceux, qui lui en avoient fait part, & pour en porter un jugement d'autant plus impartial, s'est crû obligé de le confronter, avant toutes choses, avec les écrits de Mr. Wolf: Mais n'aiant pas trouvé dans ceux ci les dangereuses erreurs, dont le Docteur assure qu'ils sont remplis, il s'est contenté de mettre par écrit, sans decider de rien, les principales réponses, par lesquelles il suppose que Mr. Wolf, en suivant ses principes, repoussera les accusations de son adversaire.

faire. Le temps nous enseignera, s'il a deviné juste.

En attendant, cette Réponse présomptive (s'il est permis de l'appeller ainsi) & le Memoire de Lange aiant été traduits en François par deux plumes differentes, & ces traductions étant tombées entre nos mains, nous n'avons pas crû en devoir frustrer le Public, qui s'appercevra sans peine dans laquelle des deux pieces la cause de la verité est le mieux soutenuë. Mr. Wolf apparemment ne tardera pas à nous apprendre, ce qu'il en pense lui même.

SECOND AVIS.

Les Pieces susmentionnées ont été traduites à la fin du Mois de May 1736.

On a appris depuis, que Mr. Wolf a répondu lui même aux accusations de Mr. Lange, & que sa réponse, quoique plus ample & plus detaillée, est toute conforme aux conjectures de l'Auteur anonime.

Nous apprenons pareillement par les lettres de Berlin, datées du 3. Juin, que S. M. le Roi de Prusse avoit nommé ce jour là 4. Commissaires, pour examiner tous ces differens philosophiques & que ces Commissaires (tous gens d'une erudition *profonde & solide*, & d'une probité reconnuë) procederont incessamment à leur Commission, sous la Direction de Son Excell. Mr. LE BARON de COCCEJI, Ministre d'Etat, & Président du Consistoire de S. M. le Roi de Prusse;

Noms des Commissaires.

1) Mr. JABLONSKI, ancien Ministre Reformé.

2) Mr. NOLTENIUS, Ministre Reformé.

3) Mr. REINBECK, Prevôt de l'Eglise de St. Pierre; Lutherien.

4) Mr. CARSTED, Aumonier de la Garnison; Lutherien.

Avis

Avis sur la seconde Edition.

Il seroit superflu, d'avertir le Lecteur, en quoi il trouvera l'edition presente differente de la premiere. Il remarquera suffisamment lui même en la parcourant, qu'elle est purgée des fautes d'impression, qui étoient echappées à l'attention du Correcteur; qu'on a remedié à quelques inexactitudes, qui s'étoient glissées dans la traduction du memoire de Mr. *Lange*; & qu'on a grossi la brochure, en y inserant la Réponse de Mr. Wolf aux accusations de Mr. *Lange*.

Il y a un Article plus interessant, à l'égard duquel nous croions devoir contenter la curiosité du Public. C'est celui du succés de la Commission, que S. M. le Roi de Prusse avoit établie, pour examiner les Differens entre Mess. *Lange* & *Wolf*. Voici ce qui nous en a été mandé de Berlin à la fin du Mois de Juillet dernier:

„Les Commissaires, chargés d'examiner les Differens renouvellés entre „Mess. *Lange* & *Wolf*, se sont assemblés „plusieurs fois, chez S. E. Mr. le Baron „de *Cocceji*. Ils ne se sont pas contentés d'examiner le memoire de Monf. „*Lange*, & la Réponse de Mr. *Wolf*; „Ils ont même relû les écrits du dernier, où l'autre croit avoir trouvé „tant d'erreurs; après quoi ils ont mis „separément leurs sentimens par „écrit; les ont lûs, chacun le sien, à „l'assemblée, & les ont fait inserer „dans le Protocole de la Commission. „Les sentimens aiant été unanimes, „quant au fonds des questions, il n'a „pas été difficile de convenir d'un Rapport commun, qu'il étoit necessaire „d'en faire au Roi. Ce Rapport, que „les cinq Commissaires ont signé „de leurs Noms contient ce qui suit:

„Ils

„Ils ont ſatisfait, diſent-ils, à l'or„dre de S. M.; Ils ont ſoigneuſement „examiné non ſeulement le *Court* „*Expoſé* du Profeſſeur *Lange*, & les „erreurs dangereuſes, qu' il impute „au Profeſſeur *Wolf*; Mais auſſi la „Réponſe de ce Philoſophe, & ceux „de ſes écrits, que l'autre a jugé à pro„pos d' attaquer. Ils ne trouvent pas ce„pendant, que ces écrits contiennent „les erreurs & les ſentimens athées, „que *Lange* prétend y avoir trouvés, „& ils aſſeurent, que ce qu'ils en di„ſent, eſt abſolument impartial, con„forme à leurs Conſciences, & tel „qu' ils ſont prêts à en ſoûtenir la Veri„té à la face de tout l'univers Chrétien, „& à en répondre au Tout-Puiſſant, „& au Roi leur Maitre &c.

„Après avoir ainſi debuté, ils entrent „dans le detail des cinq Erreurs fonda„mentales, que *Lange* reproche à *Wolf*. „Ils prouvent, en citant pluſieurs en„droits des écrits de *Wolf*, que, bien „loin d'être coupable de ces erreurs, il

 „en-

„enſeigne préciſement le contraire de „ce qu'on met à ſa charge, & qu' à „bien conſiderer ſes opinions ſur *l'Homme*, ſur *l'Ame*, ſur *Dieu*, ſur la *Creation* „du monde, & ſur les principes des „*Athées*, elles ſont toutes très-conformes à celles des Theologiens les plus „orthodoxes, quoiqu'il les ait expoſées „dans un autre jour &c.

Le temps nous apprendra, quelle ſera la fin de cette Diſpute, & ſi S. M. le Roi de Pruſſe voudra la decider en dernier reſſort; ou ſi ce Monarque aimera mieux en abandonner la deciſion au Public, & ſe contenter de ſavoir, que la Religion, ni le Gouvernement civil n'ont rien à craindre de la Philoſophie de *Wolf*. En effet, il n'y a (ſelon un de ſes partiſans) que deux ſortes de gens, qui la decrient comme une ſource d'erreurs dangereuſes: Ceux qui ne l'ont pas lûë, & n'en parlent que par ouïr dire; & ceux, qui la liſent avec cette ſorte d'eſprit, par où (s'il eſt permis de copier les paroles d'un des plus ſavans hom-

hommes de nos jours *) „ J. C. a „caracterisé le *Démon*, quand il a dit, „qu'il est *menteur & meurtrier dès le* „*commencement* : ce qui revient à ces „paroles de Virgile, Aen. l. 7. v. 326.

- - *cui tristia bella,*
„*Iræque, insidiæque, & crimina no-*
xia cordi.

c'est à dire:

N'aimant que la discorde, & ce qu'ont
d'odieux,
La fourbe, la fureur, & des crimes
affreux.

2. Nous ne saurions nous dispenser de rendre compte au Lecteur des raisons, pourquoi nous lui présentons dans cette Edition, & la Réponse de Monf. *Wolf*, & le Sommaire ou l'Abregé que nous lui en avions donné la premiere fois. Nous avons eu trois motifs pour en user ainsi: *a*) Nous n'avons pas crû devoir tronquer la premiere Edition.

b) La

* V. Bayle, Comment. Philosoph. ou traité de la Tolerance universelle p. 14.

b) La traduction de la Réponse, & celle du Sommaire étant de deux plumes differentes, & étant également fidéles, leur conformité semble répandre d'autant plus de jour sur les verités contenuës dans ces deux pieces; Enfin c) les originaux de ces deux écrits sont l'un & l'autre de Mr. *Wolf*, qui les a envoyés conjointement à S. M. le Roi de Prusse. Il ne l'a point fait sans dessein. Il a sans doute écrit la Réponse pour Mess. les Commissaires & pour le Public, & l'Abregé pour l'usage du Roi, & de ses Ministres. Ce Philosophe sait apparemment, que ceux qui ont le plus de part aux decisions n'ont pas toûjours le plus de loisir de lire.

3. Nous nous flattons en finissant cet avis, que Mr. *Wolf* ne sera pas faché, que nous ayons publié cette brochure. Elle ne peut que contribuer à lui attirer l'applaudissement du Public; applaudissement, auquel la Philosophie la plus austére ne defend

pas

[...]être sensible, lorsqu'il est evident qu'on le merite.

Nous nous promettons aussi, que Mr. *Lange* lui même ne nous en saura pas mauvais gré. Quoique nous n'osions garantir, que son *Court Exposé* lui attire des suffrages de la même nature, que ceux qui semblent attendre son Antagoniste, nous sommes bien persuadés, qu'ils vaudront au moins ceux, qu'il s'étoit si justement acquis, il y a quelques années, par son *Urim* & *Thummim.* * En tout cas, si le Public lui refuse sa Voix, il pourra, pour s'en consoler à l'imitation de la pluspart de ses Confreres, en rejetter pieusement la faute sur l'ignorante perversité du Siecle

* Titre d'un Sisteme Theologique, que Mons. LANGE publia, il y a quelques années, & que toutes les Paroisses du Pays eurent, dit-on, ordre d'acheter, pour le debarasser du grand nombre d'exemplaires qu'il en avoit fait imprimer.

Siecle. Il pourra même s'en dedommager, s'il veut ; soit en declarant (à l'exemple d'un fameux Abbé François *) Athées, ou Criminels de Leze-Majesté divine & humaine, tous ceux qui lui refuseront leur approbation ; soit en se reglant sur un avis très-salutaire, qui lui est donné, comme à tous les Savans qui lui ressemblent, par le *P. Francois Garasse*, dans sa *Somme Theologique* l. 2. p. 419. L'endroit est trop remarquable & trop instructif, pour ne pas meriter d'être copié mot à mot. C'est le savant Auteur des *Pantalo-Phêbeana*, qui nous le fournit **.

„Se-

* V. Boil. Sat. IX. vers. 305. & 306., & la Rem. sur le dernier de ces vers:

„Qui méprise Cotin, n'estime point son Roi,
„Et n'a, selon Cotin, ni Dieu, ni Foi, ni Loi.

** V. Pant. Phebeana p. 19. NB. ce petit ouvrage se trouve à la suite du Dictionaire Neologique.

„Selon la juſtice, dit cet équitable „Theologien, tout travail honnéte „doit être recompenſé de louange „ou de ſatisfaction. Quand les „bons esprits font un ouvrage excel-„lent, ils ſont juſtement recompen-„ſés par les ſuffrages du Public. „Quand un pauvre esprit travaille „beaucoup, pour faire un mauvais „ouvrage, il n'eſt pas juſte ni rai-„ſonnable, qu'il attende des louan-„ges publiques : car elles ne lui „ſont pas duës. Mais afin que „ſes travaux ne demeurent pas ſans „recompenſe, Dieu lui donne une „ſatisfaction perſonnelle, que per-„ſonne ne lui peut envier ſans une „injuſtice plus que barbare; *tout „ainſi que Dieu, qui eſt juſte, donne „de la ſatisfaction aux grenouilles de „leur chant.* Autrement le blâme „public, joint à leur mécontente-„ment ſeroit ſuffiſant pour les redui-„re au deſeſpoir.

Ne

Ne craignez rien, Diſciples zelés de l'Illuſtre *Lange*; ne craignez pas, que vôtre Apôtre ſoit jamais reduit à un tel Deſeſpoir! un Docteur de ſa trempe trouve dans lui même des reſſources, pour s'en garantir. En effet, la Providence, en diſtribuant le don precieux de la Satisfaction perſonnelle, en auroit elle donné une moindre portion à un tel Docteur de la Loi, qu' à de chetives Grenouilles?

COURT EXPOSE
DES MAXIMES
DE LA
PHILOSOPHIE DE Mr. WOLF,

QUI SONT PREJUDICIABLES
A LA RELIGION NATURELLE, ET A LA REVELATION OU QUI LES DETRUISENT MEME ENTIEREMENT L'UNE ET L'AUTRE, EN MENANT A L'ATHEISME PAR PLUSIEURS DETOURS, ET SOUS DE TROMPEUSES APPARENCES

PAR

MONS. JOACHIM LANGE

DOCT. EN THEOL. ET PROFESSEUR
DE HALLE

SUIVANT L'ORDRE QU'IL EN A RECU DE BOUCHE DE S. M. PRUSS.

TRADUIT DE L'ALLEMAND
par
A. DE C.

PREMIERE ERREUR FONDAMENTALE.

L'Auteur fait de l'homme une double Machine, en voulant d'un coté, que la bouche parle machinalement d'une maniére intelligente, ſans que l'Ame s'en mêle; & de l'autre coté, que l'Ame produiſe par une Conſequence neceſſaire, de ſoi même, toutes les idées corporelles, ſans le ſecours des membres, & des ſens du Corps.

DEMONSTRATION.

„L'Ame, dit-il dans ſa Metaphyſi-„que pag. 471. 472. §. 765. l'Ame a ſes „Operations particuliéres, & le Corps „a de même ſes mouvemens, & des „changemens qui lui ſont propres; ſans „que l'Ame opere ſur le Corps, „ni le Corps ſur l'Ame. Voici comment il raiſonne §. 761. pag. 477.

„&

„& §. 777. Il paroit par ce qui a été „prouvé ci dessus, (remarquez que ceci est avancé à plaisir, car cela n'est point prouvé) „que nous ne laisserions „pas de voir hors de nous, d'entendre, „& d'avoir des Sensations, quand même „me il n'existeroit point hors de nous „d'objets corporels. Il dit encore pag. „500. §. 819. que comme c'est l'Ame „qui produit par sa propre force les sen„sations que nous éprouvons, il suit de „là que les Images, & les idées des „Corps, ne lui viennent point des Ob„jets extérieurs ; mais que l'Ame les a „déja réellement en elle même, & qu'el„le ne fait que les produire pour ainsi „dire de sa propre substance, & selon „l'ordre qui est établi entre elle, & le „Corps qu'elle anime. Il ajoute enfin, „pag, 540. §. 884. que c'est la même „chose, que l'Ame par sa propre puis„sance détermine tous les mouvemens „du corps, ou qu'en consequence des „Lois de la Nature, les Objets corpo„rels déterminent le Corps, à se mou-

„voir

„voir conformement à la volonté de „l'Ame.

On peut raporter ici tout cet article, où l'Auteur prétend que cela se fait sans porter préjudice à la liberté. Cependant si ce qu'il établit est vrai, les mouvemens bons ou mauvais du Corps, le travail p. e. ou le vol, les exercices des Soldats & leurs désertions, ne doivent point être imputés à l'Ame, mais seulement au Mechanisme & au train naturel du monde, que l'on peut, dit-il, regarder comme une Horloge, dont l'homme, par raport à son Ame & à son Corps, est une espèce de double Rouë. Par consequent tout ce que l'homme fait, ou qu'il neglige de faire, est absolument inevitable; & la punition des crimes, que l'on ne peut pas s'empêcher de commettre, est injuste.

„On voit, dit-il pag. 514. §. 843. que „la bouche par la seule vertu du Corps, „peut former tous les mots qui entrent „dans un Raisonnement, sans que l'Ame „s'en mêle.

Si cela eſt, il faut donc que l'Ame de l'Auteur n'ait eû aucune part à la composition de ſon Siſtéme de Philoſophie; & que ſeroit ce, ſi l'Ame d'un Prédicateur, par exemple, n'intervenoit point dans les Diſcours qu'il prononce? à quoi bon mediteroit-il avec tant de peine, & comment pourroit-il implorer le Secours du St. Eſprit?

L'Auteur dit à la pag. 632. §. 1050. „que tous les mouvemens du Corps ſe „font en conſequence de ſon eſſence, & „par ſa propre force, ſans le ſecours de „l'Ame quoiqu'ils ſoient conformes à „ſes deſirs, & que nous parlions même „d'une maniére ſenſée & raiſonnable. „Toutes les Penſées de l'Ame, ſoit „Imaginations, ſoit idées univerſelles, „ſoit Jugemens, ou Raiſonnemens, ſont „repréſentées dans nôtre Corps, de maniére que tout s'y manifeſteroit de „même, quand il ne ſeroit point animé „d'aucune Ame.

Il ſeroit inutile de faire mention de tant d'autres endroits, qui ſe raportent à ceci.

Voici

Voici ce qu'il dit encore à la pag. 479. §. 180. „Tous les mouvemens du „Corps se manifesteroient en lui de la „même maniére, quand même il n'au„roit point d'Ame unie à lui, puis„qu'elle n'y contribuë en rien par sa „puissance.

A quoi l'on pourroit ajouter l'Objection de *l'Impossibilité*, que l'Auteur se fait à lui méme, & dont il prétend lever la difficulté, quoiqu'il ne le fasse pas dans la suite, & qu'il ne lui soit pas possible de le faire.

SECONDE ERREUR FONDAMENTALE.

Il est evident, que puisque l'Auteur, ainsi que nous venons de le prouver, fait de l'homme une double Machine à l'égard de son Ame & de son Corps, il suit de là qu'il anéantit en lui toute liberté, toute Vertu & tout Vice, & qu'il rend toutes ses Actions, quelles qu'elles soient, *necessaires*.

DEMONSTRATION.

La preuve en est à la verité inutile, cette erreur étant une consequence certaine de ce que nous avons établi ci dessus. Il suffira donc entre une infinité d'endroits que nous pourrions alleguer, de nous arrêter à ceux-ci.

Il est à remarquer, dit-il pag. 473. §. 767. „que les Révolutions du Monde, „se suivent les unes les autres dans un „Ordre immuable; & comme dans „l'Ame l'état qui précéde est la cause „de celui qui suit, de même, les sensa-„tions de l'Ame se succédent les unes „les autres, dans un ordre invariable.

Or il faut que l'ordre immuable de ces changemens exterieurs ou de ces Actions, & de ces sensations de l'Ame, soit conforme & proportioné à la Nature de cette double montre; selon l'expression de l'Auteur, qui employe souvent cette comparaison en parlant de l'homme. Mais n'est-ce pas là faire de l'homme un double *Automate*, ou le la réduire même à n'être qu'une petite Roue de la grande Horloge du Monde? Que l'on consulte entre plusieurs autres endroits, la page 331, 332. §. 556. & pag. 635. §. 1062. & l'on verra qu'il y dit en termes formels, que l'homme n'est qu'une Roue de la grande Horloge du Monde.

„Par là, dit-il encore pag. 345. §. 572. „Par là (c. a. d. par la combinaison de „tous les Etres) on decouvre ce qui „existe ou qui a lieu dans nôtre mon„de, savoir ce qui est fondé sur l'en„chainure des choses qui constituent „nôtre monde: car ce qui n'est pas fon„dé sur cette enchainure, ou qui lui est „contraire, ne sauroit avoir lieu dans „ce Monde. Ainsi ce qui est possible „dans nôtre Monde, ou a déja existé, „ou existe encore, ou existera dans la „suite. Au contraire ce qui est impos„sible dans ce Monde, pourroit bien „malgré cela avoir lieu dans quelque „autre Monde.

„On doit, dit-il pag. 347. §. 575:
„porter le même jugement sur ce que
„l'on appelle *Necessité*. Tout ce qui est
„possible dans ce Monde, doit exister,
„s'il n'a déja existé, ou s'il n'existe
„point encore; & il est impossible qu'il
„n'existe point. Il ajoute p. 334. §.
„561. 562. que comme l'état présent, où
„se trouve le Monde, est une suite de
„l'état qui a précédé, & que cet état
„présent doit servir de fondement à ce-
„lui qui va suivre, il arrive de là que
„les Evénemens qui ont lieu dans ce
„Monde sont certains: de sorte que le
„Monde étant une Machine, il suit de
„là que tous les Evénemens sont cer-
„tains, §. 562. Or si les Evénemens
„sont certains, il n'est pas possible qu'ils
„n'arrivent point, & par consequent ils
„sont *necessaires* à cet égard.

Voici en quoi consiste l'erreur; c'est que l'Auteur comprend dans la grande Machine du Monde, le genre Humain qui est doué d'une volonté libre; considérant, comme il a été dit, chaque hom-

homme en particulier, par raport à l'Ame & au Corps, comme une petite Roue de la grande Horloge du Monde.

Enfin l'Auteur avance à la page 499. §. 817. „que comme tous les Evéne„mens ont leur certitude, il ne se peut „pas faire, qu'un homme qui prend des „remédes n'en prit point.

Or il est manifeste que le sens litteral de ces paroles, & de tant d'autres encore que je pourrois alleguer, anéantit entiérement la liberté de l'homme, & qu'elles renferment l'Erreur capitale de la *Necessité* immuable de toutes les actions humaines; comme je l'ai prouvé dans plusieurs Ecrits imprimés, de même que quantité d'autres Auteurs. Il est vrai qu'il décrit fort bien pag. 348. §. 575. ce que c'est que la *necessité* de la *Nature*, en disant qu'elle est fondée sur le cours présent de la *Nature*, c'est à dire sur l'enchainure des choses qui constituent ce Monde. Mais c'est une Erreur fondamentale, que de prétendre, comme il le fait, que la *Necessité* des

Moeurs

Moeurs y eſt compriſe; que cette Neceſſité ſert de fondement à la Morale, & qu'elle ſubſiſte avec la liberté, quoiqu'elle la détruiſe totalement.

Sur tout n'oublions pas de remarquer ici, que l'Auteur en établiſſant ſa *Neceſſité* abſoluë de toutes choſes, & ſur tout des Actions humaines, va beaucoup plus loin que les *Réformés* mêmes, qui ſont pour la Doctrine du *Décret abſolu.* En effet ceux ci ſe renferment dans le Regne de la grace; au lieu que l'Auteur étend le *Deſtin* de ſon Siſtéme ſur toute la Nature, & ſur toutes les Actions naturelles, militaires, économiques, & civiles. N'eſt ce pas munir le *Décret abſolu* des Réformés, de remparts, pour ainſi dire, & de Murailles, comme pour le rendre invincible?

TROI-

TROISIEME ERREUR FONDAMENTALE.

L'Auteur donne une fausse Definition de Dieu, & de l'Ame humaine.

„Dieu, dit - il pag. 661. §. 1069. est „cette substance, qui se représente tous „les Mondes, à la fois, & avec toute „l'évidence possible.

Se représenter le Monde doit signifier s'en faire une idée. Mais l'Auteur n'attribuant pas à Dieu la Creation du Monde, dans son veritable sens, comme on le fera voir dans la suite, Dieu n'est, selon lui, qu'un Etre qui se fait des idées du Monde; par consequent un Athée, tout Athée qu'il seroit, pourroit admettre un tel Dieu, qui ne contribueroit pas davantage au Gouvernement du Monde, & qui dans le fond seroit un Dieu imaginaire, un *Non-Ens*, un Rien. Il y joint de plus la Chimére *de tous les Mondes*, quoique nous n'en ayons qu'un. L'autre Definitinition qu'il donne de Dieu, & que l'on trouve à la page 574. §. 945. n'est pas plus saine ni plus juste; comme d'autres de même, que moi, l'ont prouvé dans leurs Ecrits.

Voici sa Definition de l'Ame pag. 481. §. 784. „Nous ne trouvons rien „autre chose dans l'Ame, qu'une Ver„tu de se représenter le Monde; c'est à dire de se faire des idées matérielles des choses corporelles. Comme, selon cette opinion, il n'y a point d'autre Vertu en Dieu, ni dans l'Ame, n'ôte-t-on pas par là & à l'Ame & à Dieu, toute faculté d'agir sur le Monde & sur le Corps? C'est pourtant ce que fait l'Auteur, en disant, que l'Ame n'est qu'une Substance qui se représente le Monde, & les choses corporelles, ou qui s'en fait des idées; notez qu'il definit aussi l'Esprit, en general, de la même maniére. N'oublions pas de remarquer ici l'endroit, où il enseigne la préexistence des Ames humaines, & de celles des Brutes; le voici pag. 551. §. 900.

„Il

„Il ſemble que les Ames des hommes „& des Bêtes aient été autre fois dans „cet état (c. a. d. ſelon le raiſonnement „précédent, dans un ſommeil perpetuel) „avant que d'entrer dans ces corps, com„me je le ferai voir plus au long. Mais cela n'a point été fait, ni ne pouvoit ſe faire.

QUATRIEME ERREUR FONDAMENTALE.

L'Auteur prétend que la Creation du Monde, ne peut pas être demontrée par les Lumiéres naturelles, & qu'elle ne l'a point été non plus; ce qui s'appelle accorder aux Athées l'Eternité du Monde.

DEMONSTRATION.

L'Auteur dit dans ſon Traité latin (de Ratione prælectionum) pag. 156. §. 43. *Genus humanum coepiſſe, aut Mundum coepiſſe, difficulter demonſtrari poteſt, imo publice hactenus demonſtratum*

non

non est, ex principiis scilicet Rationis. c. a. d. qu' il n' est guére possible de demontrer * par la Raison seule, que le genre humain & le Monde ont eû un commencement ; & que personne jusqu' à présent ne l' a encore fait, au moins dans un Ouvrage qui ait été imprimé.

REMARQUES

Sur cet endroit.

1) Tous les Païens raisonnables ont reconnu & avoué avec *Ciceron*, qu' il n' est pas possible que le Monde tienne son existence de soi même, ou du hazard, ni qu' il ait existé de toute éternité ; mais qu' il a eû pour Auteur, un Architecte tout-sage, tout-bon, & tout-puissant, c. a. d. Dieu: qu' ainsi ce Dieu doit exister, tout comme il est impossible qu' une maison s' eléve d' elle même, & sans le secours d' un Ouvrier.

2) L' Au-

* Voici l' expression de l' Original de Mr. LANGE; Das ist schwerlich zu erweisen.

2) L'Auteur cherche à affoiblir entiérement le principe de cette preuve, & il reproche à un trés-grand nombre d'Auteurs chrêtiens, qui s'en sont servis pour demontrer l'existence de Dieu, de s'être mal tirés d'affaires, & de n'avoir point du tout prouvé ce qu'ils vouloient demontrer. Mais n'est ce pas là accorder aux Athées l'Eternité du Monde, c'est à dire le principe de leur Athéisme?

Cette erreur de l'Eternité du Monde a aussi sa source dans la fausse Definition, que l'Auteur donne de l'Etre supreme, qui selon lui n'est autre chose, qu'une Substance qui se représente le Monde dans ses Pensées, & qui par consequent n'a ni une Volonté libre, ni une Puissance infinie. Voïez sa Metaphysique pag. 650. §. 1075. à la marge, „L'Eternité du Monde, dit-il, est differente „de l'Eternité de Dieu." Or cette distinction est une veritable Chimére. J'ai prouvé plus amplement dans mes Ecrits, & particuliérement au commencement de celui qui a pour titre Aus-

 führliche

führliche Entdeckung, que l'Auteur abandonne aux Athées l'Eternité du Monde.

CINQUIEME ERREUR FONDAMENTALE.

L'Auteur soûtient publiquement, & en plusieurs maniéres, les mêmes principes qui conduisent tout droit à l'Athéisme, ainsi que nous venons de le voir.

DEMONSTRATION.

1) Cette Apologie de l'Athéisme consiste en ce que dans son Traité de *Ratione praelectionum* pag. 155. &c. il combat, & tâche de rendre méprisables les preuves solides, que *Grotius* & tant d'autres habiles gens ont employées contre les Athées, en faveur de la demonstration de l'existence de Dieu. Telles sont celles, que l'on tire de l'ordre merveilleux de cet Univers, d'où l'on conclut, qu'il doit y avoir un Dieu Auteur de cet ordre; de la structure & de la con-

construction admirable de ce Monde, d'où l'on infere l'existence de son Architecte; de la Loi qui se trouve gravée dans nos consciences, d'où l'on deduit la Necessité d'un Legislateur souverain; & mille autres preuves de cette force, qu'il invalide & qu'il conteste.

2) Cette protection dont il honore l'Athéisme se manifeste encore en ce que dans sa Morale (§. 22) il dit expressement, „qu'il n'y a que l'abus de l'Athéisme „qui conduise à une mauvaise vie, & „que par lui même il n'y porte point „du tout. Il repete la même chose dans sa Politique (§. 369.) Qu'y a-t-il pourtant de plus connu que ces maximes, c'est que rien ne détourne un Athée d'une mauvaise vie & des plus grands crimes, si ce n'est la crainte des peines temporelles; & que l'on ne peut déférer à un Athée aucun serment: car se moquant comme ils font du serment, il est clair que si quelques uns d'entr'eux s'accordoient à rendre un faux témoignage, qu'ils confirmassent par serment,

rien ne leur feroit plus facile que de perdre les gens les plus innocens, ou du moins que de leur nuire, & de leur faire beaucoup de mal.

3) Il faut ajouter ici le Difcours que l'Auteur fit il y a 15. ans, lorsqu'il fe démit du *Pro-Rectorat* à *Halle*, en préfence de tous les Profeffeurs, & de plus de mille Etudians, touchant la Philofophie de *Confucius* & des *Chinois*: Difcours, qu'il a expofé aux yeux de tout le Monde, & qu'il a fait imprimer, comme il paroit par l' Exemplaire ci joint, & dans lequel il avance ces 3. Points principaux.

a) „Les Chinois font les Athées les „plus groffiers qu'il y ait fous le Soleil.

b) „Les Chinois font les plus fages „& les plus vertueux de tous les hom„mes, & ils peuvent fervir de Modéle „aux autres Nations.

c) „Pour moi (Auteur du Difcours) „j'ai dirigé ma Philofophie, fuivant leurs „Principes.

4) Quoiqu' il foit trés-faux que les *Chinois*

Chinois ſoient les plus groſſiers de tous les Athées, & en même temps les plus ſages, & les plus vertueux de tous les hommes, comme je l'ai prouvé fort au long, dans mes Remarques ſur le Diſcours ſurmentionné; il eſt pourtant certain que ces 3. points ſont ſouverainement erronés, dangereux, & ſcandaleux, & qu'ils mettent manifeſtement au jour le pernicieux fondement de la Philoſophie de *Wolf*. Comme chacun en fut extrémement ſurpris alors, on eût auſſi ſoin de préſerver la Jeuneſſe, & de la mettre en garde contre cette Doctrine, par un Sermon qui fut prononcé immediatement après ce Diſcours.

REMARQUES.

1) Il y a encore quantité d'autres Articles dans la Philoſophie de *Wolf*, dont pluſieurs Savans, auſſi bien que moi, ont decouvert l'erreur & le ridicule, mais qui ne peuvent être allegués ici facilement. L'Erreur capitale eſt celle

qui détruit la Liberté, & qui établit la prétenduë Neceſſité immuable des Actions humaines.

2) Comme ſa Morale n'eſt fondée que ſur ces Principes purement Mechaniques, il ſuit de là qu'elle ne contient rien de raiſonnable; ainſi que je l'ai prouvé dans les 218. Queſtions que j'ai formées ſur ſon ſujet.

3) Et quoiqu'il y ait par ci par là pluſieurs choſes bonnes & vraies, dans les deux Ouvrages de *Wolf* qui ont été defendus à *Halle*, de même qu'il s'en trouve auſſi de telles dans l'*Alcoran*; cela ne juſtifie nullement les Maximes pernicieuſes, & inſoûtenables, qui ſont repanduës en grand nombre dans tous ſes Ecrits.

4) L'Auteur avoit été deſtiné ſeulement à donner des leçons de Phyſique & de Mathematiques. Il auroit donc dû ſe borner à cela, & s'abſtenir, ſelon le Conſeil du Conſeiller-privé *Hoffmann*, d'enſeigner la Metaphyſique & la Morale, & en laiſſer le ſoin aux Profeſſeurs établis

établis pour cet effet; de même que ceux-ci lui abandonnoient volontiers ses Mathematiques & sa Physique. Il étoit d'autant plus inexcusable de traiter la Philosophie contre sa Vocation, qu'il n'en avoit point obtenu la permission de Sa Majesté, & qu'il attiroit les Etudians, par les éloges qu'il se donnoit à lui même, s'élevant au dessus des autres Professeurs, auxquels il enlévoit ainsi leurs Auditeurs, pour leur inspirer de faux & de dangereux Principes. Il est vrai, que Mr. *Thomasius* ne se borna pas non plus à la Jurisprudence; il enseigna aussi la Philosophie, mais il ne le fit que dans les commencemens, lorsque l'Université n'étoit pas suffisament pourvuë de Professeurs en Philosophie.

5) Tel le Maitre, tels les Disciples. Comme le Caractére particulier de l'Auteur est de se vanter, & de s'en faire accroire; tous ses Disciples ne sont pas moins présomptueux que lui. Ils croient avoir seuls tout l'Esprit en partage, & ils méprisent tout le reste des hom-

hommes; ils ne ſont pourtant pour l' ordinaire, que d'orgueilleux Ignorans.

6) A ces maximes pernicieuſes, l' Auteur ajoutoit encore la méchante habitude, de parler avec mépris de la ſainte Ecriture, dans ſes leçons, toutes les fois que l'occaſion s'en préſentoit; ce dont il y a encore aujourdhui bien des témoins. Or il eſt difficile d'exprimer combien ce procédé criminel inſpiroit de licence à ſes Diſciples!

CONTINUATION DES REMARQUES.

Principalement au ſujet de l' Apologie par laquelle on s' efforce de rendre la Philoſophie de *Wolf* recommendable.

I. „On dit dabord, que ceux qui l'ont „refutée ne l'ont point entenduë.

REPONSE.

a) Mais ſi cela étoit vrai, ce ne ſeroit point faire honneur à cette nouvelle Phi-

Philoſophie. L'Auteur s'eſt vanté d'avoir mis les verités, qu'il avance, dans tout leur jour; Or n'eſt ce pas le démentir viſiblement, que de dire que ſa Philoſophie eſt incomprehenſible à ceux mêmes que leur Profeſſion met le plus en état d'en juger, & qui ont traité eux mêmes la Philoſophie pendant pluſieurs années?

b) A peine deux années étoient elles écoulées depuis la Disgrace de *Wolf*, que l'on pouvoit déja compter jusqu' à 26. Ecrits, publiés dans 9. Univerſités contre ſa Philoſophie, & composés par des gens qui aſſurement ne manquoient pas d'Eſprit ni de pénétration, & qui avoient de plus un amour ſincére pour la Verité. Il en eſt venu depuis un plus grand nombre encore de ces Univerſités, & d'autres endroits; de ſorte que l'on en peut bien compter préſentement plus de 50. On doit ſur-tout avoir égard à la Repréſentation, que toute la Faculté de Theologie & de Philoſophie de *Jena* a faite à la Cour de *Saxe*, touchant les principes dangereux de cette Philoſophie; & que l'on trouve imprimée dans mes 130. Queſtions, pag. 132. &c.

c) Que les erreurs pernicieuſes, dont on vient de parler, ſoient clairement contenuës dans les maximes de cette Philoſophie, ſans qu'il ſoit neceſſaire de les en déduire par des Conſequences, c'eſt ce qui paroit manifeſtement par ce qui vient d'étre dit; & bien de Savans l'ont fait toucher au doigt & à l'oeil. On ne doit donc pas plûtôt ajouter foi au témoignage d' un ſeul homme qui prétend, que l'on n'a point entendu *Wolf*, qu'à celui de cent, que dis-je? de plus de mille autres qui prouvent le contraire; car il ſeroit facile de trouver ce nombre, en ajoutant à ceux, qui ont écrit contre lui, ceux qui ont des ſentimens contraires aux ſiens. Je ne connois pas un ſeul Profeſſeur ordinaire, qui adhère à ſes principes. L'applaudiſſement qu'il a trouvé dans quelques Univerſités n'a point été au delà de quelques Maitres és-Arts, qui n'avoient point eux

mêmes

mêmes encore compris la ſaine Philoſophie, & qui n'avoient adopté celle de *Wolf*, qu'à cauſe de ſa nouveauté, & pour ſe donner de la reputation parmi les Etudians. J'ai fait mention des dits 26. Ecrits, dans le Traité particulier que j'ai ajouté ici.

d) On a vû éclore dans les Univerſités de *Suéde*, tant de mauvaiſes productions qui étoient le fruit de cette Philoſophie, que l'on a été obligé de l'interdire; comme cela eſt connu non ſeulement par les Nouvelles publiques, mais encore par des lettres dignes de foi; en particulier par celle de l'Evéque *Schröter*, en date de *Calmar* du mois de Novembre de l'année derniére. Tous les Profeſſeurs en Philoſophie de *Goettingen* exhortent beaucoup les jeunes gens d'être en garde contre cette Philoſophie, & elle n'y eſt point ſoufferte.

e) Comme mon age & mes Ecrits m'ont procuré un grand commerce de lettres avec les Univerſités, & avec diverſes Perſonnes celébres de Hollande & d'Ald'Allemagne, j'ai entre les mains de leur part une provision copieuse de Piéces originales; par lesquelles je puis prouver, qu'ils témoignent, que j'ai trés-bien compris cette Philosophie, & que j'en ai trés-bien jugé; c'est ce que d'autres ont aussi publié dans des Ecrits imprimés. Il n'y a même que peu de temps, que l'on m'a remis un Ecrit du feu Colonel de *Béquignole*, dans lequel il decouvre le danger éminent de la Philosophie de *Wolf*. Il avoit écrit il y a déja 13. ans une lettre sur ce sujet, à Mr. le Feld-Maréchal de *Nazmer*, que ce Seigneur m'envoya alors, & que j'ai encore chez moi en original.

f) La plus part des Partisans de la Philosophie *Wolfienne* sont des gens, qui ne l'ont point examinée; peut-être même n'en ont-ils rien lû du tout. Cependant ils s'imaginent, que c'est à sa Philosophie qu'on a l'obligation, d'avoir fait connoitre Dieu par la considération de la Nature, & d'avoir bien determiné la vraie Subordination des principes de la la Raiſon, aux lumiéres de la Révélation: quoique cela ne ſoit rien moins que l'ouvrage de *Wolf*, & que cela ait été établi par une infinité de perſonnes qui rejettent ſa Philoſophie. En mon particulier je l'ai fait en toute occaſion dans mes Ecrits, comme on le peut voir, ſur-tout dans mon *Introduction* à l'Ecriture ſainte. Mr. le Conſeiller Eccleſiaſtique *Reinbeck* en fait autant dans ſes *Conſidérations ſur la Confeſſion d'Augsbourg;* mais on n'y trouve pas proprement les Principes de la Philoſophie de *Wolf*.

2) On dit encore que l'Auteur s'eſt mieux expliqué depuis.

REPONSE.

Je répons que ſes Explications ſont d'une nature, à ne mériter pas que l'on y ait aucun égard: car d'un coté ſe voyant ſerré de près, il nie en partie ce qu'il a pourtant clairement écrit; & de l'aul' autre il uſe de tant d' artifices, & de tant d' expreſſions captieuſes, que bien des gens ont traité comme moi ſes artificieuſes Explications, de vrais *tours de paſſe-paſſe* Philoſophiques, pour dire les choſes comme elles ſont. D'ailleurs il n'a renoncé à aucune de ſes Maximes; mais au contraire il tâche par ſes juſtifications, de s'affermir même dans ſes mauvais Principes.

3) On dit de plus, que l'Auteur ne perſiſte plus dans ſon opinion de l'*Harmonie pré-établie*.

REPONSE.

Je répons à cela, que comme cette opinion eſt ridicule, il veut bien enfin renoncer au nom; mais qu'il laiſſe toûjours ſubſiſter les Principes de l'*Idéalité*, & de la *Materialité*, d'où l'on déduit cette *Harmonie*, & qu'il les répand dans tous ſes Ouvrages. Auſſi y a-t-il déja long temps qu'on lui reproche, de nier la con-

conſequence, tandis qu'il admet les *Prémiſſes* qui en ſont le principe.

4) Enfin l'on dit, que l'Auteur n'a pas laiſſé d'être extrémement applaudi en Italie.

REPONSE.

Mais cette approbation regarde proprement ſes Ouvrages de Mathematiques: & quand même les Jeſuites, auxquels il en appelle ſi ſouvent, approuveroient ſa Philoſophie; devroit-on s'étonner qu'il fut admiré par ceux qui ſont adonnés comme lui aux Principes de l'Athéiſme?

CONCLVSION.

1) La Philoſophie de *Wolf* étant donc telle que je viens de le raporter, elle n'a pû être reçuë, & elle ne pourra l'être à l'avenir par les Profeſ-

ſeurs

ſeurs de *Halle ;* mais ils ſont obligés en conſcience, de précautionner les jeunes Etudians contre elle. L'Univerſité n'a pas manqué non plus jusqu'à préſent de ſaine Philoſophie, comme on l'a debité. Mais il eſt bien vrai, que pendant ſon prétendu luſtre elle a ſouffert un préjudice conſidérable, par raport à ſa bonté ou à ſon mérite intrinſeque; ſur-tout à l'égard des Etudians en Theologie, qui étoient detournés par des Maitres ès-Arts préſomptueux, des ſalutaires leçons de leurs Profeſſeurs, pour s'adonner à la Philoſophie de *Wolf.* Mais on obviera déſormais à ce mal, Sa Majeſté ayant fait publier une Ordonnance expreſſe contre cet abus.

2) On a de triſtes preuves des fruits de cette Philoſophie, dans ce qui ſe paſſe à *Wertheim*, où l'on a fait une nouvelle traduction de la Bible, dans laquelle on ajoute & retranche à plaiſir.

REPONSE

QU'ON

PRESUME, QUE MONSR. WOLF

FERA, OU POURRA FAIRE

AU

COURT EXPOSÈ

DE

MONSR. LANGE,

PROJETTÉE PAR UN AMI DE

MONSR. WOLF,

TRADUITE DE L'ALLEMAND

PAR

UN QU - - - - - t

1736.

ſir. En pluſieurs endroits on tord même le ſens, ſoit dans le Texte, ſoit dans les Remarques Philoſophiques. Ce qu'il y a de plus fâcheux, c' eſt que l'on y affoiblit les Prophéties touchant le *Meſſie*, & les paſſages qui prouvent la *Trinité*. Examine-t-on en ſuite la très ample Préface qu'on y a miſe, on trouve que tout s'y reſſent de la Doctrine de *Wolf*, & que tout cela ne tend qu'à faire tomber l'Ecriture & la Révélation dans le mépris. Ajoutons, qu' autant que la Nobleſſe de *Wertheim* s' eſt oppoſée à un ſi grand abus, autant les jeunes *Comtes* l' ont-ils ſoûtenu, à leur avénement à la Regence; parcequ'ils ſont imbus des principes de *Wolf*.

3) Au reſte je ſuis perſuadé comme pluſieurs autres, que c' eſt la ſeule crainte des affaires fâcheuſes que ſa Philoſophie lui auroit attirées, qui l'a empêché de revenir à *Halle*, lorſqu'il fut ſondé là deſſus il y a quelque temps.

Ce n'eſt pas ſans fondement qu'il a craint, que les Profeſſeurs en Theologie & en Philoſophie de *Halle*, ne trouvaſſent le moïen de faire de nouveau des Repréſentations à Sa Majeſté contre ſa Philoſophie, & qu' ainſi ſa derniére Condition ne fut pire que la premiére.

REPON-

* *

I. IMPUTATION.

DU D. LANGE.

Que *Wolf fait de l' homme une double Machine, voulant d' un coté, que la bouche parle machinalement, d' une maniére intelligente, sans que l'Ame s' en mêle. Et que, d' un autre coté, l'Ame opére par elle même, par une consequence necessaire, sans aucun secours des membres & des sens du corps, toutes les conceptions, ou idées que nous avons des êtres corporels.*

REFLEXIONS.

Pour raisonner sur l' imputation de cette erreur, il est necessaire d' examiner, s'il est vrai, que Wolf fasse de l'homme une double Machine?

Le corps humain est sans doute une Machine; c'est ce qui est incontestable; l' imputation de Lange regarde donc précisement l'Ame humaine, *dont il accuse Wolf de faire une machine.*

C'eſt cependant de quoi Wolf ne conviendra jamais. Il répondra ſans doute:

1) Qu'il enſeigne juſtement le contraire, ayant ſoûtenu dans ſa Metaphyſique §. 742., qu'un corps, qu'une matiére n'a pas la faculté de penſer; & que l'Ame n'eſt pas un être corporel, materiel, ou compoſé, mais un *être ſimple*, qui ſelon le §. 75. eſt indiviſible.

Il dira, qu'il a prouvé §. 926., que les Ames humaines ſont des êtres incorruptibles, & immortels, & qu'il leur attribuë §. 892. *une liberté*, & *une volonté* raiſonnable.

Or, dira-t-il, toute machine eſt notoirement un être compoſé, corporel, ſujet à la corruption, à l'anéantiſſement, & manquant de volonté, & de liberté;

Donc on ne ſauroit faire de l'Ame une machine.

2) Wolf répondra encore, que ce n'eſt pas raiſonner conſequemment, que de dire; *la bouche parle machinalement avec intelligence, ſans le concours de l'Ame*; Donc l'Ame eſt une machine:

Ou,

Ou, *l'Ame opére par elle même, par une conſequence neceſſaire, ſans aucun ſecours des membres & des ſens du corps, elle opére*, dis-je, *les conceptions, ou les idées, que nous avons des êtres corporels*; donc l'Ame eſt une machine.

Il demandera, ſi donc Dieu, ou quelque Ange devient une Machine, parcequ'il conçoit des êtres corporels, ſans le concours des membres de quelque corps? Il demandera, ſi le Dr. Lange n'eſt pas obligé d'avouer, que par une conſequence neceſſaire, l'eſprit humain opére des concluſions tirées d'une theſe generale? Lors p. e. que l'on reçoit comme une theſe inconteſtable, que *tous les hommes ſont mortels*; l'eſprit ne conclut-il pas de là, par une conſequence neceſſaire, que *Cajus*, que *Titius* ſont donc pareillement mortels? Mais cette conſequence neceſſaire, opérée dans l'eſprit par l'Ame, feroit-elle pour cela de l'eſprit une Machine?

De tout cela Wolf conclura apparemment, que tout ce raiſonnement du

Dr. Lange ne prouve pas jusqu' ici ce, qu'il avoit promis de prouver.

3) Wolf dira outre cela, que tous les paragraphes de sa Metaphysique, que le Dr. Lange allegue, pour prouver sa prétenduë I. erreur fondamentale, étant pris des endroits, où il est question de l' harmonie préétablie de feu Leibniz; il est necessaire de remarquer, qu'il s'agit principalement dans ces endroits, d'examiner, qu'elle est l'harmonie entre l'Âme, & le corps, substances absolument differentes?

Que, pour répondre à cette question, il a expliqué l'hypothese de Leibniz, en tâchant de la rendre comprehensible; puisqu'elle différe de l'opinion commune, & de celle de Descartes: Mais, qu'il ne l'a prise pour base d'aucune de ses demonstrations, & qu'il n'en a pas tiré des consequences.

Qu'il n'y a même aucune connexion necessaire entre le reste de sa doctrine, & cette opinion de Leibniz. En effet le Sistéme de Wolf demeureroit dans son

ſon entier, quand même on rejetteroit la dite hypotheſe, ou que quelqu'un ſe crût aſſez de forces pour la refuter.

4) Wolf enfin dira, que l'hypotheſe de l'harmonie préétablie, quand elle ſeroit reçuë, ne deroge pas à la liberté de l'homme, pourveu qu'on comprenne ce que c'eſt, & qu'on ne s'en faſſe pas une fauſſe idée; que pour s'en former une juſte, il faut ſe repréſenter,

Que Dieu ayant prévû les circonſtances dans lesquelles le corps de chaque individu humain ſe trouveroit d'inſtant en inſtant, & n'ayant pas moins prévû, quels êtres exterieurs toucheroient les organes ſenſitifs de l'homme, & en quel ordre ils les toucheroient exterieurement; Il a diſpoſé l'Ame de façon, qu'elle produit par ſa vertu propre & eſſentielle, toutes les ſenſations & repréſentations, dans le même ordre, dans lequel les êtres exterieurs touchent ſucceſſivement le corps. Or l'Ame étant un eſprit, & ayant une intelligence, & une volonté

 libre,

libre, Dieu, qui a prévû quels feroient les mouvemens exterieurs du corps, que l'homme defireroit de temps à autre, Dieu, dis-je, le plus habile des Ouvriers, a tellement formé la Machine du Corps humain, qu'en vertu de fa ftructure, & en vertu de l'operation des êtres, qui operent exterieurement fur elle, elle fait par elle même des mouvemens conformes à la volonté de l'Ame.

C'eft pourquoi, dira Wolf, cette hypothefe de Leibniz n'exclut nullement la liberté de la volonté; mais elle la fuppofe plûtôt, & elle la confirme, comme il l'a remarqué dans fa Metaphyfique §. 883. & 884.

C'eft ainfi, que les mauvaifes confequences, que Lange prétend tirer de l'hypothefe en queftion, fe detruifent elles mêmes. C'eft ainfi, que la volonté confervant toute fa liberté, rien ne deviendroit neceffaire, felon l'hypothefe de Leibniz, que les fenfations, la faculté repréfentative, & les mouvemens exte-

exterieurs du corps; facultés auxquelles, jufqu' à nos jours, aucun Philofophe, aucun Theologien n'a attribué une liberté independente.

AUTRES REFLEXIONS,

SUR

LA MEME IMPUTATION.

Wolf ne dit nulle part, *que la bouche parle machinalement avec intelligence NB. fans le concours de l'Ame.* Cette façon de s'exprimer feroit trop équivoque. Elle fembleroit fignifier, que la bouche de l'homme parle avec intelligence, ou raifonnablement, fans qu'il foit befoin, que les penfées raifonnables de l'Ame précedent les paroles qui les expriment. C'eft neantmoins le fens, que le Dr. Lange s'efforce de donner à ce paffage.

En attendant, & pour donner une explication plus jufte de ces expreffions, il eft bon de favoir, qu'elles font une fuite neceffaire de l'harmonie préétablie de de Leibniz, de laquelle VVolf traite principalement dans les endroits, que Lange a allegués. Toute l'affaire consiste en ce qui suit:

1) Les *paroles*, si nous les considerons en elles mêmes, ne sont qu'un son modifié en certaine maniére, ou articulé par la langue, & par les autres instrumens, ou parties de la bouche; p. e. par le palais, par les levres &c.

Toute cette operation se fait machinalement. Cela est evident. Que la seule langue p. e. soit entiérement engourdie, ou estropiée, la bouche est, deslors, hors d'état d'articuler ces sons; c'est à dire de prononcer des paroles.

2) Ce son ainsi articulé ne signifie absolument rien par lui même, & ne produit aucun sens, tant que l'esprit n'y attache pas quelque idée, ou signification arbitraire. Donc on ne sauroit appeller les paroles *intelligentes*, qu' à mesure qu'elles expriment certaines idées, qui se forment dans l'esprit.

3) Et comme ces idées resident originai-

ginairement dans l'Ame, & servent de regle aux paroles soi disant intelligentes, qui sont destinées à les exprimer, il s'ensuit de là d'une part, que la combinaison des idées est une operation de l'Ame, & de l'autre part, que le son exterieur, qui sert à exprimer ces idées, est une operation de la bouche.

Or, ces deux operations s'accordant entre elles, il est certain que la derniére, qui est celle de la bouche, se fait machinalement ; mais, subordonnée comme elle est à l'autre, elle ne se fait que conformement à la volonté de l'Ame, quoique sans influence physique de l'Ame dans le corps.

Je m'expliquerai mieux; selon l'harmonie préétablie le son modifié des paroles prononcées est conforme à la volonté de l'Ame, quoiqu'on ne puisse pas attribuer à l'Ame une vertu naturelle, capable d'opérer, d'une maniére active, un tel son par la bouche.

Pour éclaircir cette proposition ; *la bouche parle avec intelligence, ou raisonnable-*

nablement, sans le concours de l'Ame, pour l'expliquer, dis-je, selon l'hypothèse de Leibniz, voici l'unique sens qu'il faudroit lui donner:

La bouche forme les paroles machinalement, sans que l'Ame, par une vertu propre & naturelle, opére cette formation des paroles: *

Expliquer ainsi ce passage; c'est lui donner un sens raisonnable & juste: Mais de dire, que

La bouche forme machinalement les paroles,

* Une comparaison rendra cette idée plus complete: Il en est de la bouche de l'homme, comme d'un Perroquet. Cet oiseau, quand il a appris à parler, peut proferer des paroles pleines de sens (i. e. des paroles raisonnables) sans que le Maître, qui l'a dressé à parler, ait la moindre part au mouvement des organes qui les prononcent, & sans que l'oiseau lui même sache ce qu'il dit: Donc, on peut dire dans ce sens là, que le Perroquet forme machinalement des paroles raisonnables; c. à. d. parle raisonnablement, sans le concours de son Maitre: Donc la bouche de l'homme peut dans le même sens parler raisonnablement sans le concours de l'Ame.

roles, ſans que l'Ame veuille ou deſire, qu'elle les forme,

ce ſeroit un raiſonnement trés-faux, & abſurde.

On préſuppoſe le deſir & la volonté de l'Ame: Mais ce deſir, cette volonté de l'Ame n'eſt pas *la cauſe efficiente* des paroles ſonnantes; & cela eſt ſi vrai, que quelque volonté, quelque deſir que l'Ame puiſſe avoir, de faire parler la bouche, il eſt impoſſible à celle-ci (comme nous l'avons remarqué ci-deſſus) de produire des paroles, dès que la langue eſt eſtropiée, ou hors de tout état d'agir.

On peut d'ailleurs faire les remarques ſuivantes ſur l'hypotheſe de l'harmonie préétablie.

1) Cette invention ingenieuſe de feu Leibniz paroit d'abord difficile à comprendre: Mais elle n'eſt nullement incomprehenſible, &, étant priſe dans le ſens, où elle doit l'être, elle ne deroge aucunement à la libre volonté de l'Ame; quoique le Dr. Lange prétende ſoûtenir le contraire.

2) Cette

2) Cette hypotheſe, à l'exemple de toutes celles, par leſquelles on tâche d'expliquer le commerce, ou la connexion, qu'il y a entre l'Ame & le Corps, n'eſt pas exemte de difficultés: Mais elle a cette préference par deſſus l'opinion commune, qu'elle exclut toute materialité de l'Ame. *

3) Cette hypotheſe eſt abſolument incompatible avec l'Athéiſme, qui, en tout cas, ne le ſeroit pas tout à fait avec l'hypotheſe commune.

4) Tant ſelon l'hypotheſe commune, que ſelon celle de Descartes, chaque Ame conviendroit indifferemment à chaque corps: Mais ſelon celle de Leibniz, telle Ame ne convient, qu'à tel corps, pour lequel elle a été préétablie, & qui

* L'Opinion commune ſemble au contraire, deroger à l'immaterialité de l'Ame, en ce qu'elle prétend, que par l'attouchement du corps humain il ſe produit dans l'Ame, quoiqu'elle ſoit un eſprit, des ſenſations & des repréſentations réelles; mais un eſprit n'ayant pas de parties ſuſceptibles d'attouchement, il eſt impoſſible, qu'un corps puiſſe le toucher.

& qui a été préétabli pour elle: Cela rend le dogme de la resurrection des morts beaucoup plus comprehensible, qu'il ne le paroit à bien des gens.

II. IMPUTATION.

Que Wolf soûtenant, comme nous l'avons prouvé, que l'homme par raport au corps, & à l'Ame est une double machine, il abolit par là dans l'homme toute liberté, & toute moralité, & il fait en échange de toutes les operations, soit de celles du corps, soit de celles de l'Ame, des actions necessaires.

WOLF REPONDRA.

1) Que le Dr. Lange, n'ayant pas prouvé, que Wolf fasse une Machine de l'Ame humaine, il ne peut pas en conclure ici, qu'il lui refuse la liberté.

2) Que le passage de pag. 473. §. 767., dont Lange fait mention, ne contient autre chose, si non,

„Que les changemens, qui arrivent „dans le monde, (c. à. d. les changemens qui arrivent hors de l'homme, dans le monde materiel, car c'eſt de quoi il eſt queſtion en cet endroit) „ſe „ſuivent les uns les autres dans un ordre „immuable; & que les ſentimens de „l'Ame, (c. à. d. les ſenſations) „ſe ſui-„vent de même dans un ordre pareil.

Ceci étant au fond conforme à la verité, & à l'experience, comment donc, dira Wolf, en peut-on tirer la conſequence, que l'Ame n'ait point de liberté? Ne conſerve-t-elle pas, malgré les ſenſations, la liberté de ſe reſoudre à ce qui lui plait?

3) Qu'il eſt entiérement faux, que dans le §. 556. il faſſe de l'homme une ſimple horloge.

Wolf ſoûtiendra, que dans ce §. & dans le Chapitre 4*me* il n'eſt point du tout queſtion de l'Ame, dont il traite dans le 3*me*, & 5*me* Chapitre; mais du Monde materiel, qui eſt hors de l'homme; V. §. 542.

Appeller, dira-t-il, le Monde materiel une Machine, & le comparer à une hor-

horloge, ce n'est point faire une horloge de l'Ame.

4) Que ce qui est tiré du §. 1062. ou plûtôt de la conclusion du 1061*me*, veut dire simplement, que l'homme habite dans le Monde materiel, & qu'il fait partie de la machine du Monde, entant qu'il a un corps.

Comme Dieu, dira-t-il, a fait la machine du Monde, en partie pour l'amour de l'homme, l'homme n'a pû en être exclu; mais il ne s'ensuit pas de là, que l'Ame, qui n'est pas un être corporel, fasse partie de la machine du Monde. Il est vrai, continuera-t-il, que l'homme à l'égard de ses sensations est obligé de se regler sur le Monde materiel, & de le regarder suivant le raport, qu'il y a entre ce même Monde materiel, & la machine generale du Monde; mais cela n'empêche pas, que l'Ame, entant qu'elle a un entendement & une volonté, ne conserve la liberté de ses determinations.

5) Que les passages tirés des §. 572. 575. 561. 562. ne traitent point de l'Ame, mais du monde materiel.

Dans ce monde materiel, dira Wolf, tous les évenemens naturels derivent de la disposition machinale, & de la liaison des corps. Donc il faut que tout ce qui est fondé dans cette liaison se produise, & s'ensuive necessairement, à moins qu'il n'intervenienne un miracle, qui l'empêche. Or, ajoutera-t-il tout cela n'a rien de commun avec la liberté de l'homme, & ne lui deroge en rien.

6) Que dans le §. 817. il ne parle, que de la certitude des évenemens de ce monde, & nullement d'une necessité absoluë, qui exclut toute liberté. Quand une fois, dira Wolf, il est établi, qu'un évenement est certain, il ne peut plus manquer d'arriver; parce qu'à moins de cela il cesseroit d'être certain.

7) Que si l'on examine avec attention & sans prejugé le §. 575., on se convaincra aisement, que Wolf ne fonde pa

pas ſa Morale ſur la neceſſité naturelle ou phyſique; mais, qu'il y eſt dit, qu'elle derive d'une neceſſité morale, qui doit être conſiderée, comme une eſpéce de ce qu'on appelle neceſſité hypothetique ou conditionelle.

Ces principes poſés, voici comment Wolf dévelopera ſa pénſée: La neceſſité, dira-t-il, eſt ou abſoluë, & ſans condition, ou bien elle eſt hypothetique & conditionelle. Cette derniére eſpéce eſt ou phyſique, ou morale; & c'eſt celle ci, qui eſt le fondement de la doctrine morale.

III. IMPUTATION.

Que Wolf donne une fauſſe definition de Dieu, & de l'Ame.

A l'égard de la definition de Dieu, telle que le Dr. Lange la rapporte, Wolf dira, que ce n'eſt pas agir de bonne foi, que de commencer par rapporter la definition, qu'il donne, §. 1069, de l'Eſſence Divine, & de ne toucher, qu'en paſſant, ce qu'il en dit §. 945, comme s'il n'y disoit rien d'important, quoiqu'il y expose la premiere, & la propre definition de Dieu. Voici les paroles du §. 945.

„Dieu est un Etre subsistant par lui „même (ce qui veut dire, suivant l'explication, que Wolf en a donnée auparavant §. 929, qu'il est une Substance, qui a la cause de son existence en soi même & à laquelle il est impossible de ne pas exister) „qui est le fondement, la source „de l'actualité, ou de l'existence reelle „du Monde, & des Ames, & ce même „Dieu est un être tout aussi different des „Ames, qu'il l'est du Monde.

Wolf fera voir, qu'il a déja employé cette definition de Dieu dans un petit écrit, qu'il a intitulé, *Ratio Prælectionum* p. 159. lequel livre a paru avant sa Metaphysique. Il dira, qu'il y a fait remarquer la conformité, qui est entre cette definition, & celle qui est rapportée dans la Genese, Chap. I. v. 1; & qu'il s'en est servi, pour prouver que sa Philosophie, en ce point, comme en tout autre

autre, s'accorde avec l'Ecriture ſainte; qu'il s'enſuit donc de là manifeſtement, qu'il definit Dieu comme le Createur du monde, vû qu'il a même donné §. 1053. une deſcription de la creation.

Or, comme ſelon les ſentimens de Wolf (qui ne croit pas impoſſible, qu'il n'y ait encore d'autres mondes, ou d'autres liaiſons des mondes materiels,) il ne ſe pourroit pas, que Dieu fût la cauſe de l'exiſtence de ce monde, ſi d'un coup d'oeil, pour ainſi dire, il n'avoit parcouru tout ce qui eſt poſſible, & qu'il n'eût fait choix du monde préſent, comme du meilleur de tous les mondes poſſibles, (V. §. 951. 952.) Il n'a pû manquer de s'expliquer ainſi §. 1067; „Tout „ce que nous avons jusqu'à préſent de„montré de Dieu, reſulte de ce qu'il „peut ſe repréſenter tout d'un coup, & „clairement, tout ce qui eſt poſſible; „c'eſt pourquoi l'eſſence de Dieu (c. à. d. l'idée de laquelle on peut deriver tous les attributs de Dieu) „conſiſte „dans la faculté de comprendre, ou de

„ſe repréſenter diſtinctement, & tout à „la fois, tout ce qui eſt poſſible, ou „tous les mondes enſemble.

Il dira que §. 1069. il s'eſt déja fait à lui même l'objection, que le Dr. Lange lui fait ici, ſavoir, qu'il y en a qui pourroient trouver, que c'eſt dire trop peu de Dieu; mais qu'il y a répondu en même temps, & que ce n'eſt point ſa faute, que le Dr. Lange ſoit un de ceux, qui n'ont pas lû ſa Metaphyſique avec aſſez d'attention. Enfin, il tirera de tout ce que deſſus, cette conſequence; que c'eſt fauſſement que le Dr. Lange l'accuſe, de faire ſimplement de Dieu un être, qui ne s'occupe que des Idées du monde; qui n'eſt qu'un néant (*non ens*) & auquel on ne ſauroit attribuer aucune Creation.

2.) Au ſujet de l'Ame, le Dr. Lange rapporte les paroles ſuivantes, dont Wolf ſe ſert §. 784. „Nous ne trouvons rien „dans l'Ame, qu'une vertu de ſe repré„ſenter le monde.

Mais

Mais à quoi Wolf répondra ſans doute,

a) Que c'eſt de cette vertu même, qu'il a déduit §. 745. 746. 747. & précedemment déja §. 220. tout ce qui ſelon l'experience, que nous en avons, doit être attribué à l'Ame, ſavoir les ſenſations, la memoire, la reflexion, l'entendement, les deſirs ſenſuels, & la libre volonté.

b) Qu'il eſt faux, qu'il ait refuſé à Dieu le pouvoir d'operer ſur le monde;

c) Qu'il n'établit nullepart, que l'Ame n'ait aucun pouvoir ſur le corps, quoiqu'il ne croye pas, que ce pouvoir, ou ce gouvernement s'exerce par une influence naturelle du Corps ſur l'Ame: Il lui ſuffit, dira-t-il, qu'il a ſoûtenu par tout, que le corps ſe meut ſelon la volonté de l'Ame, tout comme un Soldat p. e., qui fait ſes exercices, & qui ſe meut ſelon la volonté de ſon Officier, quoique la faculté de ſe remuer, ne reſide pas dans le commandement, mais dans l'individu (c. à. d. dans le Soldat lui même) qui l'execute.

d) Que par rapport à la pré-existence des Ames humaines, & de celles des bêtes, à l'égard des corps, il n'en dit autre chose, §. 900., si non, qu'il semble (qu'il y a de l'apparence; qu'il paroit vraisemblable) qu'il en soit ainsi. Mais il n'avance pas cela, comme une proposition démontrée, & il consentira sans peine, que le Dr. Lange en pense différemment.

IV. IMPUTATION.

Que Wolf soûtient, que la Creation du Monde ne sauroit se démontrer par la lumiére naturelle; qu'elle ne l'a jamais été par là; & que c'est accorder aux Athées, que le monde est éternel.

WOLF REPONDRA.

1) Qu'il ne lui est jamais tombé dans l'esprit de soûtenir, que la creation du Mon-

Monde ne ſauroit ſe démontrer par la lumiére naturelle, ou qu'elle ne l'ait jamais été; & que, bien loin de là, il l'a lui même clairement démontrée.

2) Que le Dr. Lange en traduiſant le mot latin, *difficulter*, par celui de ſchwelich (c. à. d. à peine, ou presqu' impoſſible) lui donne une ſignification fort équivoque: Que Wolf n'a pas dit *vix demonſtrari poteſt*, (c. à. d. cela n'eſt guere démontrable; ou cela eſt à peine démontrable; ou il eſt presqu' impoſſible de démontrer) mais *difficulter demonſtrari poteſt*, (c. à. d. il eſt difficile de démontrer) & qu'il ſaute aux yeux, que Lange voudroit inſinuer par un ſens ſi équivoque, que Wolf croit à peine faiſable, (c. à. d. qu'il ne croit guere poſſible) qu'on puiſſe démontrer, que le monde ait pris ſon commencement dans la creation; tandis que Wolf lui même ne dit autre choſe par le mot de *difficulter*, ſi non, que cette demonſtration n'eſt pas facile; c. à. d. qu'elle

eſt

eſt fort penible pour ceux, qui l'entreprennent.

3) Que ſa penſée tend à montrer, qu'en diſputant avec un Athée, il ne faut pas commencer par la queſtion, ſi le Monde a exiſté de toute éternité, ou non? Mais, qu'il faut d'abord lui prouver, que le Monde n'a point, ni n'a pû avoir ſon exiſtence par lui même, mais qu'il la tient d'un être exiſtant par lui même, & qui eſt une Subſtance toute differente du Monde;

Qu'il y a quantité de Theologiens Orthodoxes, & de Philoſophes, qui ſoûtiennent en termes formels, qu'on ne peut pas determiner par les ſeules lumiéres de la raiſon ſi Dieu a creé le Monde de toute éternité, ou s'il l'a creé dans le temps?

Que c'eſt à quoi il a eû égard, eſtimant plus convenable d'attaquer un Athée par la voye la plus courte, que de le combattre par des detours. Car, continuera-t-il, quand on l'aura convainvaincu, que le Monde tient ſon exiſtence de Dieu, & que Dieu & le Monde ſont deux êtres differens, il ajoutera foi à l'Ecriture ſainte d'autant plus, qu'elle enſeigne, que le Monde n'eſt pas de toute éternité, mais, qu'il a été creé dans le temps.

4) Qu'il eſt entiérement faux, qu'il ait accordé au monde une éternité réelle; que cela paroit evidemment par les termes, dont il s'eſt ſervi §. 1075., où, après avoir donné le veritable ſens de l'éternité de Dieu, il s'exprime de la maniére ſuivante. „C'eſt pourquoi, „quand même Dieu auroit produit le „monde de toute éternité, comme le „ſoûtenoit autrefois Ariſtote, il ne „s'enſuivroit pas pourtant, qu'il fût „éternel de la même maniére que Dieu; „Car il n'en ſeroit pas moins compris „dans un temps, quoique ce temps fût „infini; au lieu que Dieu eſt au deſſus, „& hors du temps, de ſorte que le monde par ſa durée même ſeroit toûjours „different de Dieu. D'où il paroit mani-

manifeſtement, que VVolf ne parle en cet endroit, que par maniére d'hypotheſe, & qu'il n'établit nullement l'éternité du monde.

5) L'Auteur des conſiderations ſur la Confeſſion d'Augsbourg rapporte à la fin du §. 4. de ſa V*me.* Conſideration, un paſſage du Theologien Dr. Hildebrand, qui eſt tout à fait conforme au §. 1075. de Wolf.

V. IMPUTATION.

Que Wolf fait encore de differentes maniéres l'apologie de l'Athéiſme.

Wolf répondra de la maniére ſuivante aux argumens, par lesquels le Dr. Lange prétend prouver cette imputation.

1) Il dira, qu'il eſt faux, qu'il rejette les argumens les plus ſolides, qui ſervent à prouver l'exiſtence de Dieu, & que dans ſon Traité, intitulé *Ratio Praelectionum*, il ne fait qu'inſiſter ſur la neceſſité, de diſputer toûjours contre

tre les Athées d'une maniére qu'ils ne puiſſent point taxer de *Petition de Principe*.

Que le principal argument contre l'Athée eſt la preuve de la contingence, ou caſualité de l'exiſtence du monde, & que cette contingence une fois prouvée, toutes les autres demonſtrations ont beaucoup plus de force & d'effet.

2) Il dira, que dans la derniére Edition de ſa Morale, §. 22, il a changé le mot d'abus. dont il s'étoit ſervi dans les editions précedentes, & qu'il l'a changé, parcequ'il s'eſt aperçu, que quelques uns lui donnoient un autre ſens, qu'il n'y avoit attaché.

„Qu'il n'accorde aucun bon uſage „à l'Athéiſme, qu'il a plûtôt amplement prouvé dans ſa Politique §. 368. „& 369., qu'un Athée, qui avoueroit „ſon Athéiſme ne ſauroit être ſouffert „dans une Republique;

„Qu'il ne dit autre choſe dans ſa Mora-

„Morale §. 22., si non, qu'un Athée, „s'il se conduit d'ailleurs aussi raisonnablement, qu'il le prétend lui même, „ne peut pas mener une vie libertine, „sous prétexte qu'il ne reconnoit point „Dieu: Car, quoiqu'il n'admette point „Dieu, il ne peut changer la Nature, „& doit par consequent s'attendre à „toutes les suites pernicieuses, qui suivent naturellement ses mechantes acti„ons. Veut-il donc (ajoutera VVolf) „eviter ces suites fâcheuses, sa raison „lui dictera, qu'il faut qu'il s'abstienne „des mauvaises actions, qui peuvent „les lui attirer.

3) „Il voudra enfin, qu'on porte le „même jugement de son discours sur la „sagesse des Chinois, & il dira:

„Qu'ayant appris, que ce discours „étoit si diversement interpreté, il l'a „publié lui même avec des observati„ons, qui mettent suffisamment au jour „l'innocence du sens, dans lequel il „l'avoit prononcé.

Qu'il

„Qu'il n'a pas dit positivement, que „les Chinois sont des Athées, qui refu„sent de reconnoitre Dieu, quoiqu'il „n'ait trouvé nullepart, que les anciens „Chinois ayent jamais eû une veritable „connoissance des proprietés divines.

„Qu'il a seulement soûtenu, que les „motifs de leurs Loix d'ailleurs si sages, „ne tirent pas leur source de ce qu'ils „croyent un Dieu, ni de la connoissance „qu'ils ont des proprietés divines; mais „de la nature du Vice, & de la Vertu, „& de la nature de la societé humaine; „& que cela doit faire rougir plusieurs „Chrêtiens, beaucoup moins sages „qu'eux, quoiqu'ils ayent sans cesse le „nom de Dieu dans la bouche.

Ce que le Dr. Lange avance d'ailleurs dans le reste de ses remarques ne concerne point la question principale; VVolf, lorsqu'il le jugera à propos, saura bien lui même se declarer là dessus.

Je n'ai plus qu'une chose à faire remarquer, c'est que la Bible de VVert-

F heim

heim ne peut point du tout être regardée comme un fruit de la Philoſophie de VVolf; l'argument, que le Dr. Lange s'efforce de tirer de là, eſt abſolument puiſé dans les ſources inépuiſables de la plus deteſtable envie.

REFLEXION
DU TRADUCTEUR.

Il ſemble, que tous les grands ſavans, qui ſe ſont écartés des anciens Siſtémes, pour en introduire de plus raiſonnables, ayent eû le même ſort que VVolf. Nous en pourrions citer dix exemples pour un, & entre autres ceux de feu Grotius, Puffendorf, & Thomaſius. Quelles perſecutions le dernier p. e. n'eut-il pas à eſſuïer, lorsqu'il entama les erreurs, que la Philoſophie d'*Ariſtote* avoit introduit dans les Univerſités d'Allemagne? Mais ce fait étant trop recent, pour être ignoré de perſonne, nous nous arréterons à celui de Des Cartes, à qui l'on

ne

ne sauroit disputer l'honneur d'avoir devoilé l'ignorance des Docteurs de son temps. Nous ne ferons cependant, que transcrire de mot en mot ce qu'un savant moderne rapporte au sujet du dit Philosophe. „Il quitta la France (dit cet Auteur dans ses lettres sur les Anglois) „parce qu'il cherchoit la verité, qui „étoit persecutée alors par la miserable „Philosophie de l'Ecole. Mais il ne „trouva pas plus de raison dans les „Universités de la Hollande, où il se re„tira: Car dans le temps qu'on con„damnoit en France les seules proposi„tions de sa Philosophie, qui fussent „vraies; il fut aussi persecuté par les „prétendus Philosophes de Hollande, „qui ne l'entendoient pas mieux, & qui „voyant de plus près sa gloire, haïssoient „davantage sa personne; il fut obligé de „sortir d'Utrecht. *Il essuïa l'accusati„on de l'Athéisme, derniére ressource „des calomniateurs, & lui, qui avoit „employé toute la sagacité de son esprit, „à chercher de nouvelles preuves de l'ex-*

„*istence de Dieu, fut soupçonné de n'en*
„*point reconnoitre.* Tant de persecu-
„tions supposoient un trés-grand meri-
„te, & une reputation éclatante. &c.

Ce qui arriva alors à Des Cartes, ne semble-t-il pas avoir servi de modéle à ce que nous voyons arriver aujourd'hui à Mr. VVolf? C'est au lecteur impartial à en juger.

REPON-

REPONSE
DE
Mr. CHRETIEN WOLF
AUX
ACCUSATIONS MAL FONDE'ES,
QUE
MONS. LANGE
A MISES PAR ECRIT PAR ORDRE
DE
SA MAJ. PRUSSIENNE:
TRADUIT DE L'ALLEMAND
PAR
JEAN DES CHAMPS,
Cand. du St. Miniſtere.

PREFACE.

Mr. *Lange* retourne encore à la charge contre moi. Il vient de publier un *Court Exposé* des *Erreurs* ou des Doctrines erronées, qui se trouvent, dit-il, dans ma Philosophie, & il a eu ordre de Sa Maj. Prussienne de mettre ses accusations par écrit, afin que je pusse mieux y répondre. Mais malheureusement je ne trouve dans son Nouvel Ouvrage, que les mêmes vieilles accusations, qu'il a déja cent fois répétées dans ses Ecrits, qu'on a cent fois refutées, & qu'il n'a jamais pû soûtenir ni defendre. Il est vrai pourtant, qu'il a fait dans son *Exposé* quelques additions, mais ces additions ne tendent, qu'à faire tomber ma Philosophie & ma personne même dans le mépris: Aussi les a-t-il inserées dans la *Feuille Hebdomadaire de Halle* (du 14. May. an. c.) & par une hardiesse peu commune, & contre

contre tout droit d'une Interprétation legitime, il y voudroit faire passer pour une defense d'enseigner ma Philosophie, l'Ordre du Cabinet de sa Maj. Prussienne touchant les Etudes Philosophiques des Etudians de *Halle*. J'ai montré evidemment dans ma Réponse le peu de fondement des Erreurs qu'il m'impute. Et si l'on en fait Juges des Gens, qui soient au fait de ma Philosophie & des Theologiens consciencieux & impartiaux, ils prononceront infailliblement en ma faveur, & conviendront, que je n'avance rien ici, qui ne se trouve dans mes Ouvrages mêmes. Mais ils ne conviendront pas moins, que Mr. *Lange* est un homme étrange, & qu'il ne se soucie pas de manquer de respect au Roi, pourveu qu'il puisse esperer de me nuire. Il a manifesté si visiblement la haine implacable, qu'il a contre moi, par l'ardeur sans relache, avec laquelle il me persécute, qu'il s'est fait connoître tel qu'il est il y a déja long temps. Mais il est bon, ce me semfemble, d'en rapporter les raifons. Les voici en peu de mots.

Dans le temps, que j'enfeignois à *Halle* la *Philofophie* & les *Mathematiques*, Mr. *Lange* tout rempli encore de diverfes difputes, qu'il avoit avec d'autres Theologiens, fe negligeoit extrémement dans les Leçons, qu'il donnoit à fes Etudians; de forte que ceux d'entr'eux, qui avoient appris fous moi à fe perfectionner le Jugement, s'en apperçurent des premiers, & cefferent par confequent d'avoir pour lui l'eftime qu'il prétendoit lui être duë. Ce fût l'origine du premier grief, qu'il eut contre moi. Mais comme l'autorité de Mr. le Profeffeur *Francke* d'un coté, & l'avantage, qu'avoit Mr. *Lange* de l'autre, de tenir feul certains colleges, qui font d'une neceffité indifpenfable pour des Etudians en Theologie; comme, tout cela, dis-je, obligeoit abfolument ces Etudians d'y affifter, il ne fe fit point de diminution dans le nombre de fes Auditeurs, & je ne l'eûs pas

 pro-

proprement encore pour ennemi, sans l'avoir pourtant pour ami. Une autre affaire, qui survint, fit bien plus de mal. Mr. *Thummig* ayant obtenu sous mon Decanat une Adjonction dans la Faculté de Philosophie, comme il soûtenoit un jour des Théses, pour y être installé, le fils de Mr. *Lange* se présenta pour demander le même grade, & il l'obtint. Mais l'Ambition de ce jeune homme ne se borna pas là. Il prétendit le pas sur Mr. *Thummig*, & voulût par là le priver de son droit de préséance. Le jeune *Lange* s'addressoit mal; je n'étois pas homme à depouiller un autre d'un droit une fois acquis & accordé. Il n'en fallut pas davantage à Mr. *Lange* pour concevoir de la haine contre moi. Il vint en suite à me succéder dans le *Pro-Rectorat*. Mais comme il s'étoit rendu méprisable aux Etudians par la conduite, qu'il avoit tenuë étant Régent du College, & qu'il conservoit dans ce nouveau poste, & que d'ailleurs il couroit à *Halle* & dans les Universités voisi-

voiſines certaine Chanſon ſatyrique, compoſée contre lui pendant ſon *Pro-Rectorat*, dans laquelle on le traitoit de vieux Pédant de Collége, & d'homme incapable de ſavoir diſtinguer, entre un Etudiant & un Ecolier; il arriva que les Etudians de qualité & de famille ne purent digérer, que Mr. *Lange* devint *Pro-Recteur*, & qu'ils ne purent méme s'empêcher, de lui marquer d'abord le mépris, qu'ils avoient pour lui. Il fut aſſez malheureux pour les fortifier lui même dans ces idées, par certaines démarches peu meſurées, qu'il fit, & qui revoltérent tous les eſprits. Il ne craignit point par exemple d'ordonner la priſon à quelques Etudians, pour certaine Action, qui s'étoit commiſe pendant leur abſence, & où il prétendoit malgré cela qu'ils avoient trempé. Ce procedé fit degenerer en aigreur, & en emportement, le mépris que les Etudiants avoient déja pour lui; jusques là qu'ils s'attroupérent tumultueuſement autour de ſa Maiſon, racontérent au long

long tous les excés, dont il s'étoit [illegible] du coupable à leurs yeux, & l'accablérent de mille injures. Tant de désordres lui attirérent, jusqu'à trois fois de suite, des ordres positifs de Sa Maj. Prussienne, de se demettre du *Pro-Rectorat*, charge trop pesante pour ses épaules, en faveur de Mr. le Docteur en Droit *Thomasius*; mais il n'obéit point. Les Etudians cependant ne cessérent de me témoigner une affection singuliére, & une aversion extréme pour lui, faisant éclater l'une & l'autre, par des Acclamations publiques dans les rues. Ajoutez à cela, que Mr. *Lange* me vouloit beaucoup de mal, de ce que je n'avois pû me ranger de son avis en bien des affaires, qui s'étoient passées sous mon administration. Il ne manqua donc point de me rendre responsable de tout ce qui lui arrivoit de fâcheux, & sa haine s'en accrut terriblement. Une nouvelle avanture irrita encore le mal. Dans ce temps-là, il y avoit à *Halle* certain Mr. *Stræhler*, qui, de Maitre d'Ecole de petites

tites filles, étoit parvenu (graces à mes avis & aux enſeignemens, qu'il avoit puiſés dans mes Colléges & dans mes Ecrits) jusqu'à pouvoir ſervir de Maitre & de guide aux Etudians, dans les Mathématiques & dans la Philoſophie. Cet homme s'étant mis dans l'esprit, que je lui préfererois infailliblement Mr. *Thummig*, & qu'il ne pourroit plus gagner ſa vie auſſi avantageuſement, qu'il le faiſoit alors, s'aviſa d'aller trouver Mr. *Thomaſius*, pour tâcher de lui perſuader, que ma Philoſophie ne valoit rien; mais l'ayant eſſayé envain, il ſe tourna du coté de Mr. *Lange*. Jamais il n'eut pû s'addreſſer mieux. Mr. *Lange* le reçut avec une joie extréme. Dès ce moment on tint conſeil contre moi, & l'on projetta les moïens de me débusquer de la chaire de Philoſophie, que j'occupois dans l'Univerſité, afin que je ne puſſe plus rien enſeigner que la Phyſique, & les Mathématiques. Il arriva de plus, que Mr. *Thummig* obtint alors de Sa Maj. Pruſſienne des Patententes de *Professeur ordinaire en Philosophie;* coup imprévû pour Mr. *Lange*, & dont il fut presque accablé, à cause des vûes, qu'il avoit pour son fils! Que lui restoit-il à faire dans cette fatale conjoncture, si ce n'est de remuer ciel & terre, pour renverser ce qui venoit d'être fait à son insçu?

Il n'y avoit qu'un moïen de faire reüssir ce dessein, & Mr. *Lange* ne balança point à s'en servir. C'étoit, & je rougis pour lui de le dire, c'étoit d'inventer les calomnies les plus atroces & les plus détestables, pour me noircir conjointement avec Mr. *Thummig*, aux yeux de Sa Majesté Prussienne, & pour engager ce Prince à me faire sortir de ses Etats; à casser par un nouveau Rescript les Patentes de Mr. *Thummig;* à donner ma place au fils de Mr. *Lange;* & celle de Mr. *Thummig* au Sr. *Straehler*, pour salaire de sa trahison; l'élévant ainsi de son Ecolier, qu'il avoit été, à la dignité de son Collégue

légue & de ſon adjoint. Tout cela fût ponctuellement executé.

On juge aſſez, ſans que j'en avertiſſe, combien c'étoit une entrepriſe teméraire & perilleuſe, de ſe jouër ainſi d'un grand Monarque à la face de toute la Terre; auſſi n'épargna-t-on aucun moïen poſſible, quelque odieux qu'il fût, pour en impoſer au Public, & pour le ſoulever contre moi. L'on ſe vit même forcé de n'admettre aucune juſtification, & de ne point demordre de ſes accuſations, quoiqu'il en pût coûter. Que n'aurois-je point à dire ſur ce ſujet, & quel livre ne pourrois-je pas compoſer ſur tout ce qui ſe fit alors contre moi? Il n'y a donc plus lieu de s'étonner, aprés tout ce que je viens de rapporter, que Mr. *Lange* ramène encore dans ſon nouvel Ecrit ſes anciennes Accuſations; qu'il n'y allégue rien, dont tout homme, qui a lû mes ouvrages avec attention, n'apperçoive d'abord la foibleſſe & l'injuſtice, & qu'il oſe nier l'utilité d'une Philoſophie, qui eſt

eſt manifeſte, & que chacun éprouve en ſoi même.

I.

REMARQUES,

SUR LE TITRE.

Peu de juſteſſe du Titre.

1. Mr. *Lange* nomme ſon Ecrit *un Court Expoſé* des *Doctrines de ma Philoſophie, qui ſont préjudiciables aux verités de la Religion Naturelle & de la Revelation.* Mais *les Erreurs fondamentales*, qu'il m'attribuë ne ſont rien moins que des Doctrines, qui ſe trouvent dans mes ouvrages. Ce ne ſont que des Erreurs, que je traite moi même comme erreurs, & comme erreurs dangereuſes, mais qu'il m'impute fauſſement. Je ne reconnois pour mienne; qu'une ſeule de ſes Propoſitions; encore lui donne-t-il, pour ainſi dire, la torture, afin de la rendre erronée; toute vraie & toute juſte qu'elle eſt en elle même.

2. C'eſt

Imprudence de la desobeissance de Mr. Lange.

2. C'est par un ordre formel, que Sa Maj. Pruss. lui a donné de sa propre bouche, qu'il a dressé l'Ecrit en question. Il est donc bien à plaindre d'avoir si peu respecté son devoir, & de s'être oublié jusqu'a desobeïr à un tel point à son Roi, en lui donnant au lieu de mes Sentimens, les Erreurs qu'il m'a faussement imputées.

Sa hardiesse extréme.

3. Ie ne le plains pas moins de la témérité sans exemple, avec laquelle il cherche à en imposer à Sa Maj. Pruss; à un Prince sous lequel il vit, & dont il est sujet; & cela par des mensonges, de propos délibéré, le sachant & le voulant. Et peut-il ignorer, qu'il confond perpetuellement ses accusations avec mes Propositions; lui à qui on l'a cent fois fait toucher au doigt, & que l' on a tant de fois convaincu, de ne pécher point par ignorance ni par précipitation? D'ailleurs n'est-il pas facile de s' assu-

rer de mes veritables Sentimens, en jettant la vûë sur mes Ouvrages latins, où toutes les Propositions, que je soûtiens, sont marquées avec ordre & clairement exprimées? C'est le parti, que doit prendre tout homme, qui, comme lui, n'est pas capable d'extraire de mes Raisonnemens; & de ce qui sert, ou à les demontrer, ou à les éclaircir; des Propositions que je ne désavouë point. Que le public juge lui même du caractére d'un Theologien, qui jusque dans la vieillesse la plus avancée, veut l'emporter par de tels moïens, en fait de Sagesse & de Sainteté, sur tous les autres hommes?

II.

REPONSE A LA PRETENDUE

PREMIERE ERREUR FONDAMENTALE.

Fausse imputation de Mr. Lange.

Selon Mr. *Lange*, c'est ici une de mes Propositions; *l'homme est une double machine.* Mais je le défie de la montrer nulle part dans mes ouvrages.

1. Il

1. Il est vrai, que j'appelle ordinairement *Machines*, les corps en general, & par consequent le Corps humain; mais je ne le fais qu'à l'imitation des Medecins & des Physiciens, & que conformement à un usage universellement établi. D'ailleurs j'ai determiné fort distinctement, le propre sens de ce mot (557. Met: & 746. Mech. Tom. II. Elem. Mathes:), afin que personne ne s'y pût méprendre. Il est même arrivé, que Mr. *Schaw*, Docteur Anglois, s'est servi de ma Definition, pour mieux faire comprendre la pensée du celébre *Boyle*, touchant ce qu'il appelle *Philosophie Mechanique*. C'est dans l'ouvrage, où il a redigé par ordre les oeuvres Philosophiques de *Boyle*; (Vol. I. p. 123.) Philosophe, pour le dire en passant, que feu Mr. *Francke* estimoit beaucoup & qu'il regardoit comme un trés bon Chrêtien. Or je prie Mr. *Lange* de me montrer, où git ici l'*erreur* & *l'erreur fondamentale*?

Ie n'appelle point l'ame une machine.

2. D'un autre coté, je n'ai jamais donné à l'Ame le nom de *Machine*. Bien loin de là. Ie demontre dans ma Metaphysique §. 896. qu'elle est un esprit doué d'Entendement & de volonté, & art: 926, qu'elle est tellement immortelle, qu'elle ne sauroit non seulement changer de nature (921), ni être aneantie par la destruction de son Corps (922) mais même qu'elle se souvient après la mort, qu'elle a été unie précisement à cet Etre, qui a fait ou souffert telle ou telle chose pendant sa vie (925, 926), & par consequent qu'elle est susceptible de peines ou de recompenses, en vertu des actions bonnes ou mauvaises, qu'elle aura faites. La Religion Chrêtienne n'enseigne-t-elle pas la même chose?

Danger imaginaire.

3. Mais quand je supposerois, que l'Ame tire de son propre fonds, & par sa propre force toutes les idées corporelles, qu'elle a dans ce monde, je n'avan-

ce-

cerois rien de dangereux pour ſa Spiritualité. L'Etre ſupréme ne le fait-il pas de la même maniére?

Artifice de Mr. Lange pour en impoſer à ſes Lecteurs.

II. Venons à la Demonſtration de Mr. *Lange*. Comme il n'a deſſein, que d'en impoſer à ceux qui n'ont point lû mes Ecrits de ſuite, il a grand ſoin de combiner des mots, qui ſe trouvent effectivement dans mon Livre, mais dans un tout autre ſens, & dans une toute autre liaiſon, que celle qu'il leur donne. Mr. *Lange* a bien compris, qu'il me ſeroit fort difficile de dévoiler parfaitement ſa mauvaiſe foi, dans une ſi courte Reponſe; auſſi a-t-il malicieuſement débuté par cette accuſation, dans l'eſperance de prévenir ſi bien ſes lecteurs, par ce trompeur étalage de citations, que je ne puſſe plus les faire revenir de leur prévention. Eſſayons pourtant de nous rendre intelligibles, & de renverſer ſes projets.

Ce que nous apprend l'Experience touchant l'union de l'Ame & du Corps.

1. C'eſt un fait d'Experience (528. Met.) que les organes de nos ſens ne ſont pas plûtôt ébranlés par les objets extérieurs, que nôtre Ame apperçoit dabord ces objets, comme exiſtant hors de nous. C'eſt ainſi que, dès que les murs de cette maiſon par exemple, ont reflêchi dans mes yeux quelques rayons de lumiére, je vois cette maiſon. Au contraire l'Ame, (535. Met.) ſelon cette liberté qu'elle a, de pouvoir choiſir entre deux objets également poſſibles, celui qui lui plait le plus, (519. Met.), n'a pas plûtôt la volonté d'exciter certains mouvemens dans ſon Corps, que ces mouvemens s'y excitent. C'eſt ainſi, par exemple, que dès que je veux étendre ma main, je l'étends à l'inſtant quoique je puiſſe fort bien m'empêcher de l'étendre.

Pourquoi les Philoſophes forment des Hypotheſes, & ce que c'eſt.

2. Or c'eſt à rechercher, & à découvrir

vrir les raiſons de ce double Phénoméne, que s'appliquent les Philoſophes ; afin d'apprendre ainſi, à mieux connoître Dieu par ſes ouvrages, (1045. Met), ſelon l'exhortation de l'Apôtre S. Paul Rom. 1. Et comme la foibleſſe de l'Esprit humain ne lui permet pas, de comprendre ni d'approfondir tout en même temps, ou du premier coup, les Philoſophes tâchent auſſi de le faire peu à peu, & à force d'application & de ſoins. Ils ont même recours dans cette vûë à un moïen fort heureux. C'eſt de ſuppoſer d'abord, que les choſes ſe font de telle ou telle maniére, & de voir en ſuite, ſi ce qui réſulte de cette Suppoſition ſe trouve conforme à ce que leur apprend l'Experience. C'eſt ce qu'ils appellent une *Hypotheſe*, & non un Principe. Il eſt donc évident, que la verité ne court aucun riſque de la part des Hypotheſes : car ſuppoſé même qu'elles fuſſent fauſſes, cela ne feroit aucun tort à la verité même, parce que les Philoſophes ne s'en ſervent jamais au préjudice des verités déja demontrées, & qu'ils jugent au contraire par ces verités des Hypothéſes mêmes. J'ai expliqué cela fort clairement, dans mon Traité latin, intitulé *Heures derobées de Marbourg* an. 1729. Trim. Vern. num. 1. Mr. *Lange* pouvoit s'y inſtruire facilement, s'il étoit encore à cet égard dans l'ignorance. Mais non, il n'avoit garde de le faire; n'eſt-il pas de ſon interêt de faire ſemblant d'être aveugle?

Pourquoi Mr. Leibniz *a inventé l'* Harmonie préétablie.

3. Les Philoſophes ont donc cherché à expliquer par le moïen des Hypothéſes, cette dependance reciproque de l'Ame & du Corps, dans leurs operations relatives. Mr. de *Leibniz*, n'a pas jugé que les Explications ordinaires des Scholaſtiques (762. Met.) ni que celles de *Des-Cartes*, (763. Met.) fuſſent propres à lever toutes les difficultés, qui naiſſent de cette union, & c'eſt ce qui l'a porté à inventer lui même une nouvelle

velle Hypothéſe, qu'il appelle, *Harmonie préétablie.*

En quoi elle conſiſte.

4. Voici donc, en quoi conſiſte cette *Hypothéſe Philoſophique*, par laquelle Mr. de *Leibniz* a crû pouvoir rendre raiſon de l'Union de l'Ame & du Corps, & de leur commerce reciproque. Il ſuppoſe d'un coté, qu'il étoit poſſible, qu'il exiſtât une Ame qui eût la faculté de manifeſter ou d'effectuer par ſa propre force tout ce qui ſe paſſeroit au dedans d'elle même, & qui pût en même temps par un effet de ſa liberté, determiner telle ou telle choſe, qui devroit s'opérer dans le Corps. Il ſuppoſe de l'autre, qu'il étoit auſſi poſſible, qu'il exiſtât un Corps, capable d'executer par ſa propre vertu, tout ce qui ſe paſſeroit au dedans de lui même, lorsqu'il ſe trouveroit placé dans ce Monde. Il ſuppoſe enfin, que Dieu; à qui toutes les choſes poſſibles ſont parfaitement connuës de toute éternité; ayant prévû, que ces deux Etres ſi differens

pouvoient, étant reünis, composer un Homme, avoit en effet creé en même temps ce Corps & cette Ame.

Que cette Hypothese ne detruit point la liberté.

5. Il paroit visiblement, que ce n'est point là, nier la liberté, & que tout se réduit à cette question: Un tel Corps, capable d'executer toutes les resolutions volontaires de l'Ame, est-il possible? Prouvez, si vous le pouvez, qu'un tel Corps est impossible, & vous renverserez de fond en comble tout l'Edifice de l'*Harmonie préétablie*. Mr. *Jaquelot*, ce Theologien celébre, a fort bien senti, que cette Hypothese ne détruisoit nullement la liberté, & il n'a pas fait difficulté de croire, qu'il ne fut trés possible à un Dieu tout sage, tout puissant, & dont la connoissance est infinie, de donner l'existence à un corps de cette nature. Il a même tâché d'éclaircir cette Hypothese par une comparaison, quoiqu'il ne se soit pas proprement declaré pour elle. Le Pere *Tour-*

Tournemine, qui ne l'avoit pas non plus adoptée entiérement, n'a pas laiſſé de convenir, que de toutes les Hypotheſes connuës, il n'y en avoit point qui accordât plus de liberté à l'Ame, que l'Hypothéſe de Mr. de *Leibniz*.

A quoi elle ſert.

6. J'ai donc fait voir, en qualité de Philoſophe, comment tout doit s'executer dans l'Ame & dans le Corps, ſelon l'Hypothéſe de l'*Harmonie pré-établie*; afin de decouvrir par là, jusqu'à quel point de vraiſemblance on peut la conduire; & pour fournir ainſi à nos Deſcendans, une Occaſion, ou un moïen de decider enfin, ſi cette Hypothéſe eſt fondée, ou non. Il me ſemble que c'eſt de la ſorte, qu'il faut s'y prendre pour deterrer la Verité, & c'eſt auſſi ce que nous demontre toute l'Aſtronomie.

Avec combien peu de fondement Mr. Lange *cite des endroits de ma Metaphyſique.*

7. Mais qui le croiroit, que Mr. *Lange* fût capable de ce que je vais dire, ſi le

le fait n'étoit inconteſtable? J'ai eu un ſoin extrême de traiter cette matiére dans ma Metaphyſique, de maniére, que l'on ne peut point confondre ceci, avec les principes mêmes, dont je me ſers ſur le ſujet de l'Ame, dans la Morale, dans la Politique, & dans la Théologie: jusques là, que j'ai renfermé tout ce qui regarde l'*Harmonie pré-établie*, dans un Chapitre particulier; & que l'on trouve ces autres principes au 3*e*. Chapitre de ma Metaphyſique. Que fait donc Mr. *Lange*? Il deplace tout, il eſtropie, pour ainſi dire, mes expreſſions & mes penſées, & il me fait dire tout le contraire de ce que j'ai dit; afin d'appuyer ainſi ſes Accuſations, aux depens de la verité; pour me noircir, s'il étoit poſſible; pour ruiner ma fortune! Il n'a rien oublié jusqu'ici pour y réuſſir, mais la Providence, qui a veillé d'une maniére toute particuliére à ma conſervation, a fait échouër toutes ſes entrepriſes.

Que

Que l'Harmonie préétablie *n'est point une Hypothese, qui conduise à l'Athéisme.*

8. Ajoutons, qu'il n'est pas moins évident que l'*Harmonie préétablie* n'est rien moins qu'une Hypothese, qui conduise à l'Athéisme (num. 4.) puisqu'il est impossible de comprendre sa Prédetermination, sans concevoir en même temps un Etre suprême, qui posséde toutes les perfections, que nous attribuons à Dieu, après l'Ecriture; comme je le fais voir aux articles 768. 886. 1050, de ma Metaphysique, & dans ma *Psychol. Raisonn.* Il n'y a donc point d'Athée, qui puisse admettre cette Hypothese, car il faudroit, qu'il admit par cela même l'existence d'un Dieu, qu'il rejette, & qu'il nie. C'est ce que j'ai prouvé moi même, il y a déja longtemps dans la Réponse, que je fis au Docteur en droit *Buddée*, copiste dans cette occasion de Mr. *Lange*.

Telle est la force & la Nature de la premiére Accusation de mon adversaire. Elle ne peut être de quelque poids qu'aux qu'aux yeux de ceux, qui n'ont pas lû mes ouvrages de ſuite, & dans leur enchainure. Paſſons à ſes autres Accuſations; elles ſont bien plus pitoyables encore!

III.

REPONSE A LA PRETENDUE 2e. ERREUR FONDAMENTALE.

Comment cette Accuſation eſt refutée.

L'Erreur, dont il s'agit ici, n'eſt qu' une conſequence, que Mr. *Lange* a tirée de la premiére; & par conſequent ce n'eſt point non plus une Doctrine contenuë dans mes ouvrages. Or la premiére Erreur étant refutée, celle-ci tombe par cela même. Voici pourtant ce que je crois devoir remarquer là deſſus.

Nature de ma Morale.

1. Tout le but de ma Morale ſe reduit à ceci. C'eſt de porter tous les hommes à pratiquer la Vertu, & à fuir le

le vice, non par des motifs d'interêt, par contrainte, ou par coûtume, mais par une connoissance du bien & du mal, qui les persuade; par une entiére liberté, & en particulier par la connoissance de Dieu (654. Mor.) ou s'ils sont Chrêtiens, de diriger toutes leurs actions par la connoissance de J. Christ & des biens qu'il nous a procurés; afin de glorifier ainsi Dieu & J. Christ, non seulement des levres, mais du coeur, & en verité.

Quel est le fondement de la Morale de Mr. Lange.

2. Mais il n'en est pas de même de la Morale de Mr. *Lange*, s'il en faut juger par sa conduite. Et certes on ne peut guére juger que par là d'un veritable Theologien; c'est à dire d'un homme, qui doit egalement prêcher par ses Discours & par son exemple. Mr. *Lange* affecte beaucoup, de paroitre un homme de ce caractére. Quel est donc le jugement, qu'il faut porter de ses principes? Disons le hardiment, toute sa Morale n'a d'autre fondement que la contrainte, la

la liberté n'y entre pour rien, ce qui ressemble extrémement aux ressorts, qui font agir les Brutes. C'est par contrainte qu'il cherche à retenir les Etudians en Theologie dans l'aveuglement, & à obtenir leur applaudissement pour ses leçons. Or il exerce cette contrainte par la distribution qu'il s'est procurée de tous les *Témoignages*, & de tous les *Bénéfices*, & par le Secret peu commun de se faire un Auditoire nombreux, par Lettres de cachet, & sous les plus sevéres menaces. Assurément il entend bien ses interêts; se verroit-il sans cela un seul Etudiant? N'auroit-il pas été forcé d'abandonner la chaire de Theologie, comme il a déja abandonné celle de Ministre, faute d'Auditeurs? C'est ce que lui a reproché Mr. le Docteur en Droit *Hartmann*, dans le Traité qu'il a fait contre lui, pag. 59. (Traité qui a pour titre en allemand Langischer Unfug in der Wolfischen Philosophie.) Je me souviens aussi que de mon temps, les Etudians savoient bien mettre de la diffe-

difference, entre lui & feu Mr. le Docteur en Theologie *Breithaupt*, dont il continuoit les leçons publiques pendant son absence. N'est ce pas encore par contrainte, qu'il accable les Eglises de ses Droits, & de ses Prétensions, dans la vûë de s'enrichir, & pour faire dire après sa mort, qu'il est mort riche? N'est ce pas par contrainte, qu'il s'efforce de supprimer ma Philosophie, en n'oubliant rien pour engager toutes les Universités, à se soulever contre elle, & à la dévouër à l'anathéme? N'en disons pas davantage la dessus. Ma Philosophie est le fleau d'une Morale de cette Nature, & comment ne le seroit-elle pas, elle est le fleau de l'Hypocrisie? Certainement son effet le plus naturel c'est de rendre homme de bien.

Raisons de l'aversion, qu'a Mr. Lange pour ma Morale. Jugement du Ministre Weidner sur Mr. Lange & le commencement de notre dispute.

3.) Que l'on ne s'étonne donc plus, si ma Morale est une épine au pié de Mr.

Lange, puisqu' elle eſt la pierre de touche de la veritable vertu, & qu'elle manifeſte ſi bien l'Hypocriſie, ſa qualité favorite? C'eſt ce qui porta Mr *Weidner*, Paſteur à *Augsbourg*, à écrire dès le commencement de nôtre Diſpute à Mr. *Bulfinger* ces propres paroles. *La controverſe Wolfienne va faire tomber le masque à quantité d'Hypocrites. Du moins eſt-il certain, que ſes ennemis trahiſſent leurs Diſcours par leurs actions, & qu'ils manifeſtent qu'ils ne ſont ni auſſi ſavans, ni auſſi honnêtes gens, qu'ils le voudroient paroitre. Ie ne les connois malheureuſement que trop bien, puisque c'eſt chez eux que j'ai ſuçé le lait de l'ignorance; & que dans l'étude, que j'ai faite de la Theologie ſous de ſi grands Maitres, ils ont mis, comme l'on s'exprime familiérement, la charruë devant les boeufs, & m'ont fait apprendre la Theologie, avant la Philoſophie par un renverſement étrange & ridicule.* C'eſt ce que j'ai déja obſervé, il y a long temps, dans les Remarques, que j'ai faites ſur mes ouvrages (213).

Re-

Remarques à faire sur les Citations de la Metaphysique.

4. Et à l'égard des citations de ma Metaphysique, qu'allégue Mr. *Lange*, elles n'ont rien de commun avec la Morale, & elles ne regardent que l'Hypothése de l'*Harmonie préétablie*. Il ne faut pour les entendre, que consulter ce que nous avons dit plus haut sur ce sujet.

Suite de ces Remarques.

5. Il n'y a non plus rien de dangereux dans les citations des articles 572, 575, 571, 567, qui traitent du Monde, pourvûqu'on les comprenne bien. Remarquons donc, que tous les Theologiens, qui reconnoissent en Dieu une Préscience, conformément aux idées claires, que nous en donne l'Ecriture, & au nombre des quels sont tous les Protestans, & les Catholiques Romains; remarquons, dis-je, que tous ces Theologiens admettent aussi, que tout ce,qui se fait dans le temps, a été certain de toute éternité, & qu'ainsi la Préscience de

Dieu ne peut être trompée. Or je montre en qualité de Philoſophe, d'où vient cette certitude; je n'enſeigne donc rien en cela, qui ne ſoit propre, à défendre la Préſcience de Dieu, contre les objections des *Sociniens*, & à renverſer la neceſſité inevitable du *Spinoſiſme*. C' eſt ce qu'a trés bien fait voir Mr. *Hollmann* cidevant Profeſſeur à *Wittemberg*, & à préſent à *Göttingen*, dans ſes *Obſervations Elenctiques*, qu'il a publiées contre Mr. *Lange*, il y a déja long temps, & où il lui démontre, combien ſon procédé à mon égard eſt inexcuſable; ce que bien d'autres ont auſſi entrepris de lui prouver. Mr. *Hollmann* remarque poſitivement §. II. qu'après un mûr examen, & un examen réitéré, il n'avoit abſolument rien trouvé dans mes ouvrages, qui ne fut conforme à ce que les Metaphyſiciens & les Theologiens ſoûtiennent, touchant la Préſcience Divine; & il explique préciſement les mêmes Citations dans la ſuite.

L'igno-

L'ignorance de Mr. Lange demontrée par un Maréchalferrant.

6. Rien n'eſt donc plus honteux pour Mr. *Lange*, que de vouloir conclurre de là, comme il fait, une neceſſité fatale, ou inevitable. Auſſi ne pouvoit-il pas trouver un Antagoniſte plus digne de le redreſſer, qu'un certain Maréchal ferrant de *Schmalkalde*, nommé *Wagener*. Cet honnête homme, tout en frappant ſon enclume, a ſi bien refuté Mr. *Lange*, qu'il s'eſt attiré un applaudiſſement géneral, & que ſon Livre, auquel Mr. *Lange* n'a ſû que répondre, & qui eſt plein d'excellentes Leçons pour lui, a déja été imprimé 3. fois, & annoncé même dans les Journaux étrangers. Oſerai-je le dire, il n'eſt guére glorieux pour la Faculté de Theologie de *Halle*, qu'un de ſes plus vénérables Theologiens, ait beſoin de pareils avis, munis de l'approbation des ſavans

Qu'eſt ce qui tombe par cela même.

7. Le même coup, qui foudroye ſon

destin Imaginaire, dissipe aussi l'accusation, qu'il m'intente, d'avoir entrepris de munir le *Décret absolu* des *Réformés* (avec lequel la Philosophie n'a rien à démeler) de remparts, pour ainsi dire, & de bastions, comme pour le rendre inexpugnable.

Manifeste fausseté d'une accusation de Mr. Lange.

8. Rien au reste n'est plus manifestement faux, que ce qu'il avance sur l'article 575. de la Metaph., lorsqu'il m'accuse de confondre dans cet endroit, la *Necessité Morale des Scholastiques*, avec la *Necessité* de la *Nature*; puis que tout au contraire j'y distingue l'une de l'autre, comme deux Espéces differentes.

IV.
REPONSE A LA PRETENDUE
3e. ERREUR FONDAMENTALE.

Precipitation de Mr. Lange.

Voici en quoi Mr. *Lange* fait consister cette Erreur. C'est dit-il, que j'enj'enseigne, que Dieu est l'Etre qui se représente tous les mondes possibles, dans la plus grande évidence, & tout à la fois.

Que c'est sa faute, & non la mienne, s'il donne un faux sens à cette Proposition.

1. C'est ici la seule de mes Propositions, que Mr. *Lange* rapporte fidélement; mais elle est aussi la seule vraie de toutes celles, qu'il m'impute. Il n'y a personne, je m'assure, qui, reconnoissant un Dieu tel que les Chrétiens l'adorent, puisse nier, que cet Etre suprême connoisse parfaitement, & tout à la fois, non seulement ce monde, mais encore tous les mondes possibles, entre lesquels, conformément à sa liberté & à sa sagesse, il a choisi celui-ci, pour lui donner l'existence. Nier cela, n'est-ce pas nier que Dieu ait une connoissance infinie?

Il accuse faux par une malice manifeste.

2. Mais je ne conçois point, comment Mr. *Lange* a osé ajouter, que je n'at-

n'attribuois pas à Dieu la Creation du Monde dans le sens propre & veritable. N'est-ce pas avancer une fausseté manifeste, & qui saute aux yeux des plus simples mêmes? N'est-ce pas découvrir evidemment, qu'il n'a pour but que de tordre mes expressions, afin d'y trouver de quoi me calomnier? Je le renvoye pour toute réponse, à l'article de ma Metaphysique 1053, où il y a ces propres paroles; *Dieu par sa puissance a donné l'être à des choses, qui n'étoient que possibles par son Entendement. Or cette operation de Dieu* (remarquez bien ceci), *c'est ce que l'on nomme Creation.*

Supposons pour éclaircir cet Sujet, qu'un Architecte, après s'être fait dans son Entendement une idée d'un Batiment, & en avoir compris la possibilité, eût assez de puissance, pour faire exister réellement ce batiment, par un seul acte de sa volonté, & sans le secours d'aucune matiére préexistente; ne diriez-vous pas, qu'il a creé ce Batiment, & ne le diriez-vous pas dans le même Sens, que l'on l'on dit, que Dieu a creé le Monde? Peut-on donc après cela s'empecher de condamner *Lange*, d'une malignité palpable, lui qui renouvelle encore une accusation, dont on lui a déja si souvent fait voir la nullité? ou pourroit-on traiter son procedé de simple inadvertence, de précipitation? Que chacun dise ce qu'il en pense; toûjours est-il certain que sa précipitation seroit inexcusable puisqu'il n'y a rien de si facile, que de consulter ce que je dis de la Creation dans mes ouvrages.

III. Il offense la Majesté Royale.

3. Mais comment le justifiera-t-on envers son Roi & son Souverain, à qui il s'est engagé de faire connoitre les Doctrines erronées de ma Philosophie? Quel attentat n'est-ce point à lui, que de vouloir tromper ainsi la Majesté Royale! Je laisse à sa propre Conscience à décider, si la haine implacable, qui l'anime contre moi, & si la soif ardente de me nuire, qui le dévore, suffisent pour excuser tant d'audace & de temerité.

Que le monde impartial n'en peut disconvenir.

4 Certainement ce ſeul trait eſt plus que ſuffiſant pour faire connoitre, quel homme c'eſt que Mr. *Lange*. On peut juger de la piece par cet échantillon. On ne s'étonnera donc plus de ces paroles d'un ſavant des Pays étrangers, & qui eſt un homme d'une grande reputation; paroles, au reſte que j'ai rapportées dans la Préface de ma grande *Logique* Latine & qu'il eſt bon de transcrire encore ici. „Les Antagoniſtes de Mr. Wolf, dit-il, „à la tête des quels ſe trouve Mr. *Lange*, „qui conduit la barque, en uſent ſi mal „avec lui, & ſi injuſtement, qu'il ſeroit „impoſſible de le croire, ci cela n'étoit „de la derniére evidence pour quicon-„que jette les yeux ſur ce qu'ils ont écrit „de part & d'autre. Aſſurement, il faut „qu'il ſoit bien aîſé d'aveugler les Alle-„mands, ſi les Antagoniſtes de Mr. *Wolf* „trouvent chez eux la moindre créance.

Il continuë à avancer des menſonges manifeſtes.

5. Il n'eſt point neceſſaire, que je repouſſe ici les attaques de Mr. *Lange* au ſu-

ſujet de ce que j'ai dit de la Nature de l'Ame. I'ai déduit ſi à fond tout ce qui la concerne dans mon Traité latin de la *Pſychologie raiſonnable*, que cette Doctrine Philoſophique craint peu les foibles coups de Mr. *Lange*. I'ai auſſi expliqué fort au long dans ma Metaphyſique Allemande, & plus amplement encore dans la Latine, comment on peut éclaircir ainſi tout ce que l'Experience nous fait connoitre de nôtre Ame.

Mais rien n'eſt plus étrange, que la Concluſion, qu'en tire Mr. *Lange*. Il en infére, que je n'attribuë à Dieu & à l'Ame, que le ſimple pouvoir de ſe former des idées materielles des Etres corporels. Quelle moderation ne faut-il pas avoir, pour lire ſans emportement de telles fauſſetés? Celle-ci eſt du même ordre; que celle que nous venons de relever, & on peut y appliquer auſſi la ſentence du Savant que j'ai alleguée. Ie n'ai jamais dit, que l'Ame n'eût que le pouvoir de ſe former des idées materielles des Etres corporels. Mais j'ai bien

bien dit, que ce n'eſt, que par cette ſeule Puiſſance de l'Ame, qu'elle ſe repréſente le Monde, & qu'elle opére tout ce que nous en connoiſſons; (745. 747. 754. Met:) L'article même qu'il cite (784) préſente un ſens bien plus clair, quand on le lit tout entier, & que l'on prend la peine de conſulter les Citations qui s'y trouvent.

Caractére de Mr. Lange.

Mais comme l'intention de Mr. *Lange* ne le porte, qu'à me rendre odieux à tout le monde, & qu'à en impoſer à ceux, qui n'ont point lû du tout mes Ouvrages, ou qui ne les ont pas lûs avec attention; eſt-il ſurprenant, qu'il cite ma Metaphyſique, comme le Diable cite l'Ecriture? On ſoupçonneroit presque, qu'ils ont en cela le même but. Après tout, je ne vois pas, qu'il ſoit fort poſſible d'en juger plus favorablement, vû l'obſtination avec laquelle Mr. *Lange* perſiſte depuis 13. ans entiers, dans l'indigne habitude de me nuire & de me calom-

calomnier. C'est par là aussi, qu'il s'est perdu de reputation dans les Pays étrangers, & qu'il a donné aux autres Nations, des idées si peu avantageuses de la nôtre; Comme je l'ai prouvé ci dessus à l'article 4. Ne rangerons nous donc pas à juste titre son procédé, au rang des choses les plus étranges, qui se soient passées dans la Chrétienté? Que l'on juge après cela, quelles Gens doivent être ses adhérens.

V.

REPONSE A LA PRETENDUE

4me ERREUR FONDAMENTALE.

Mr. *Lange* m'accuse dans cet endroit, d'enseigner que la Creation du monde n'étoit point jusqu'à présent démontrée par les lumiéres de la Raison, & qu'elle ne pouvoit l'être par ce moïen, & il dit, que j'établis ainsi l'éternité du Monde en faveur des Athées.

Faus-

Fausseté de cette accusation.

1. Mais rien n'est plus évidemment faux, puisque j'ai démontré moi même la Creation du Monde (1053 Metaph:), & que j'ai dit en plusieurs endroits que *Dieu a creé la monde de rien* (759. Theol.), & encore que *Dieu a creé ce monde visible.* (760).

Sophisme de Mr. Lange.

2. Il ne s'agit point non plus, dans ce qu'il cite de mon Traité de *Ratione Prælectionum*, d'une demonstration de la Creation du Monde, qui fut fondée sur la préexistence d'un Dieu déja prouvée. Il n'est la question que de démontrer, que le Monde qui n'étoit point, a commencé d'exister; afin d'en tirer comme d'un principe incontestable la preuve de l'existence de Dieu.

Peine inutile.

3. Mr. *Lange* auroit donc pû s'épargner les odieuses Remarques, qu'il a faites sur cet article.

Con-

Conſequences peu raiſonnables, que tire M. Lange.

4. Mais où eſt l'homme raiſonnable, qui pût conclurre comme lui, que ſi Dieu ſe repréſente le Monde & tout ce qu'il renferme, avec la derniére evidence & tout à la fois, il ſuit de là, que le Monde eſt éternel? Quel homme doué du Sens commun admettra cette autre conſequence que Mr. *Lange* tire auſſi de là; ſavoir que Dieu n'eſt point veritablement libre, & qu'il n'a pas aſſez de puiſſance pour créer le Monde? Rien n'eſt plus aiſé, que de me juſtifier contre cette fauſſe imputation; que l'on conſuete ſeulement la demonſtration que j'ai donnée de la liberté de Dieu (680 & ſeq. Metaph.) de ſa Toute-Puiſſance (1020. & ſeq. Metaph.), & de la création, qui en eſt une ſuite naturelle (1053. Met.)

Que l'éternité du monde n'eſt point établie par la difference, qu'il y auroit entre elle, & celle de Dieu.

5. Il eſt connu, que tous les Theologiens ont crû autre fois, (& Mr. *Buddée* lorsqu'il étoit Profeſſeur à *Halle*, l'a auſ-

ſi

ſi affirmé dans ſa Philoſophie, imprimée dans la maiſon des Orphelins), que Dieu auroit pû créer le Monde de toute éternité. Pour moi j'ai regardé cette queſtion comme inutile, & c'eſt ce qui m'a empêché de lui donner place parmi mes recherches. Mais comme on auroit pû reprocher à ces Theologiens, qu'ils attribuoient ainſi une proprieté divine à la matiére, ils ſoutinrent avec *Thomas d'Aquin*, qu'il y auroit toûjours cette difference entre l'éternité du Monde & celle de Dieu; c'eſt qu'une durée infinie n'eſt pas proprement l'éternité, qui convient à Dieu. Or cette diſtinction eſt très propre à fermer la bouche aux Athées, lorsqu'ils nient l'exiſtence de l'Etre ſupréme & qu'ils affirment l'éternité du Monde; auſſi n'ai-je pas fait difficulté de la conſerver.

Mais qui eſt-ce qui conclurra de là avec Mr. *Lange*, que j'accorde ou que j'abandonne aux Athées l'éternité du Monde?

Mr,

Mr. Lange de nouveau confondu par un Marechal.

Mon Apologiste, le judicieux Marechal de *Schmalkalde* a si bien fait voir à Mr. *Lange* toute la foiblesse de ses raisonnemens, & le peu de justesse de ses consequences, qu' il auroit pû facilement s'en appercevoir lui même, il y a long temps, s'il avoit voulu agir de bonne foi.

VI.

REPONSE A LA PRETENDUE

5me ERREUR FONDAMENTALE.

Pour le coup Mr. *Lange* tranche le mot, & dit nettement ici, que je donne ouvertement gain de cause aux Athées. Mais il ne réussit jamais si mal, qu' à prouver cette imputation.

Il est faux, que je rende méprisable la demonstration de l' existence de Dieu.

1. Il debute par avancer, que j'affoiblis, & que je combats les vrais principes, qui servent à demontrer l'existence

de Dieu contre les Athées. Combien de fois ne l'a-t-on pas fait rougir de cette fausse accusation? Mais son emportement contre moi, & la vanité de passer pour infaillible, ne lui permettent point de s'avouër coupable, ni même de s'en appercevoir. J'ai expliqué dans mon Traité de *Ratione Praelectionum*, pourquoi je préferois à toutes les autres preuves la demonstration fondée sur la contingence du Monde; & j'ai dit, que c'étoit parce qu'elle étoit plus courte & meilleure. Or osera-t-on dire, que c'est répandre du mépris sur les plus importans principes de la preuve de l'existence de Dieu, & fournir des armes à l'Athéisme, que de s'efforcer de choisir la preuve la plus forte & la plus aisée? Mr. *Lange* a allégué la demonstration, que l'on tire de l'ordre du Monde? Mais que ne consultoit-il mon Traité de *Horis subsecivis*, il y auroit vû la maniére dont il faut s'y prendre, & combien de choses sont requises pour rendre cette preuve veritablement demonstrative.

Que

Que n'entreprend-il lui même de nous donner cette demonſtration? En verité je me trompe fort, ou il lui faudroit des ſiécles pour en venir à bout. Perſonne au reſte ne favoriſe plus l'Athéiſme, que ceux, qui ne lui oppoſent, que des raiſons peu ſolides, ou des demonſtrations imparfaites, & qui ne veulent point que l'on s'y prenne d'une maniére propre à convaincre invinciblement un eſprit bien cultivé. Il y a déja long temps, que *Des Chartes* faiſoit ce reproche à *Voëtius*, cet homme du même calibre que Mr. *Lange.*

Que je ne favoriſe point l'Athéiſme dans ma Morale.

2. Il allégue comme un article de ma Morale (22), que ce n'eſt pas l'Athéiſme en lui même, mais l'abus que l'on fait de l'Athéiſme, qui conduit au dereglement des moeurs. Mais quiconque ſe donnera la peine de lire avec attention ce qui eſt contenu dans cet endroit, verra que j'y ſoûtiens, après tous les Theologiens anciens, que les acti-

ons humaines étant naturellement bonnes ou mauvaises en vertu de leur qualité intrinseque, & Dieu aiant même à cause de cela défendu les unes, & commandé les autres, il s'ensuit de là, qu'un Athée quoiqu'il nie l'existence de Dieu, n'en est pas moins obligé de convenir de la necessité de moderer ses passions & de s'abstenir de toutes sortes d'iniquitez. Ce raisonnement seroit d'un grand secours, pour ramener un homme, qui se livreroit à l'Athéisme, dans l'esperance de pouvoir vivre en suite au gré de ses desirs. Et certes *Spinosa*, cet Athée si fameux étoit bien plus honnête homme, bien plus homme de bien que le venerable Mr. *Lange!* Que Mr. *Lange* lise, s'il lui plait, pour s'en convaincre, la vie de *Spinosa*, écrite par *Colerus*, Theologien Lutherien; qu'il la compare avec la sienne, & avec son procedé à mon égard, avec sa maniére de me persecuter, & il se verra couvert de honte & de confusion. Il y a long temps, que quelqu'un avoit formé le dessein de de composer un Livre, pour prouver à Mr. *Lange* par toute sa conduite envers moi, qu'il n'y avoit jamais eû de plus grand *Athée de pratique*, que lui. Mais je m'y opposai par égard pour l'Université de *Halle*, qui n'est déja malheureusement que trop decriée, au grand prejudice de Sa Maj. Prussienne, & que Mr. *Lange* perdra toûjours davantage, s'il vit encore quelque temps. C'est aussi ce que Mr. *Wernsdorf* prévit, dés qu'il le vit devenir Professeur en Theologie à *Halle*, le connoissant déja par les disputes pleines d'aigreur & d'animosité qu'il avoit eûes avec d'autres Theologiens.

Preuve du plaisir malin que Mr. Lange se fait, de dire des faussetés.

3. Mais voici quelque chose de plus aggravant encore. Mr. *Lange* n'a-t-il pas le front d'alléguer contre moi, une objection à laquelle j'ai satisfait d'avance, dans l'article même qu'il cite (369. Politique)? J'y demontre combien l'Athé-

théïsme est dangereux pour la societé, non seulement parce qu'il enerve, & qu'il anéantit la validité du serment, comme le dit Mr. *Lange*, mais encore par plusieurs autres raisons; d'où je conclus même, que l'Athéïsme ne doit pas être toleré dans la societé; ce que j'avois aussi établi dans l'article précedent (368). Que conclurre donc du caractére de Mr. *Lange* dans cette nouvelle accusation? A-t-il bonne grace de relever les effets dangereux de l'Athéïsme, par rapport à l'anéantissement des sermens, lui qui viole actuellement celui qu'il a preté à son Roï, en lui rapportant tant de faussetés? qu'il y a d'impudence (passez moi ce terme) qu'il y a de méchanceté & de mauvaise foi, dans le procedé de ce Theologien, envers moi!

Jugement que l'on a porté de ma harangue sur les Chinois.

4. Et à l'égard de la Harangue sur la Philosophie pratique des *Chinois*, que je prononçai le jour, que je me demis de

de mon *Pro-Rectorat*, il eſt certain, que tout le Monde n'en juge pas comme Mr. *Lange.* Il y a des gens ſenſés & impartiaux, qui en portent un jugement plus avantageux. Mr. le Docteur en Theologie *Heineccius*, qui étoit lui même du nombre de mes Auditeurs, lorsque je la prononçai, & qui étoit auſſi alors mon pere Confeſſeur, m' avoua, qu'il avoit été édifié. A peine les perſecutions & les fauſſes accuſations de Mr. *Lange* m' eurent-elles forcé de la faire imprimer, trois ans après mon arrivée à *Marbourg*, qu'il en fut fait une mention trés honorable dans les Journaux étrangers.

Malignité de Mr. Lange.

Mais de peur que mes remarques ne fuſſent connuës de tout le Monde, & que ma harangue même ne fut luë ſans prévention, Mr. *Lange* s' aviſa par un tour de la plus noire malice, de la remettre ſous la preſſe avec des interpretations de ſa façon. Et par un effet de

 cette

cette même malignité, qu'il voudroit faire passer pour une Prudence Chrêtienne, il a joint ici à son manuscrit un de ses propres exemplaires, de peur que l'on n'en consultât quelqu'un des miens & que sa ruse ne fût découverte.

Examinons présentement les trois principales Propositions, qu'il tire de cet ouvrage.

Je n'ai point fait passer les Chinois pour les Athées les plus grossiers, qu'il y ait au monde.

a) Je dis dabord & sans détour, qu'il est faux que j'aye declaré les *Chinois*, les Athées les plus grossiers, qu'il y ait sous le soleil. Tout ce que j'ai affirmé, c'est qu'ils n'avoient point de connoissance distincte de Dieu, & que dans cette ignorance ils n'avoient ni affirmé, ni nié son existence, ni imaginé avec le Paganisme des fausses Divinités, & des cultes superstitieux. Or, je montre (54), combien il y a loin encore de là, jusqu'à l'Athéisme même.

Ni

Ni pour les hommes les plus vertueux.

b.) Il n'eſt pas moins faux, que j'aye donné les *Chinois*, pour les hommes les plus vertueux & les plus ſages. Je diſtingue formellement trois ſortes de vertus. Le plus bas degré de la vertu, c'eſt de connoitre ſeulement les actions, bonnes ou mauvaiſes, ſelon ce qu'elles ſont en elles mêmes; comme par exemple, que s'enyvrer tous les jours c'eſt nuire à ſa Santé, ruiner le plus ſouvent ſa bourſe, & ſe rendre incapable de faire bien des choſes fort utiles. Ce degré conſiſte donc à connoitre jusqu'à ce point le bien & le mal; & à regler la deſſus ſa conduite. Je place le ſecond en ceci; c'eſt de reconnoitre Dieu pour ce qu'il eſt, & par conſequent de s'abſtenir pour l'amour de lui de pécher, lors même que la Raiſon ne décide point, ſi l'action, que nous voulons commettre, eſt bonne ou mauvaiſe en elle même. Enfin le dernier degré de la vertu, c'eſt ſelon moi l'influence, que l'on donne aux verités révélées, ſur toutes ſes actions, en ſorte que l'on glorifie ainſi Dieu par Jeſus Chriſt; comme je l'ai fait voir dans ma Morale. Or c'eſt le premier de ces degrés & par conſequent le moindre, que j'attribuë aux *Chinois*, en conſequence de leurs Ecrits. Eſt ce donc là les faire paſſer pour les plus vertueux de tous les hommes?

Que la Philoſophie des Chinois n'a point ſervi de modéle à la mienne.

c.) Il eſt faux encore que j'aye dit, que la Philoſophie des *Chinois* m'a ſervi de modéle, ou pour me ſervir du tour malin de Mr. *Lange*, que de mon propre aveu j'aie compoſé ma Philoſophie dans les principes des plus groſſiers de tous les Athées. Je ne parle dans cet endroit que de ma Morale & de ma Politique.

Ma Philoſophie renferme pluſieurs autres parties, & en particulier la Metaphyſique, que Mr. *Lange* s'efforce tant de rendre ſuſpecte d'Athéiſme. Comment aurois-je donc pû dire, que j'ai reglé

reglé ma Philoſophie ſur celle des *Chinois*? J'ai dit ſeulement que les bonnes maximes, qui ſont contenuës dans leurs Livres, étoient préciſément les mêmes que celles, que j'avois auſſi trouvés, avant que ces Livres me fuſſent connus, & qu'on les eût traduits en Allemand. J'ai dit encore, que je m'étois ſervis fort utilement, dans l'exercice de mon *Pro-Rectorat*, des mêmes maximes de Politique, qu'ils avoient ſuivies dans le Gouvernement de leur grand Empire le plus ancien du Monde, puisque tous les autres ont diſparu & qu'il ſubſiſte encore.

Jugement ſur leur Philoſophie.

Mais où eſt donc ici le danger ou le crime? Les *Miſſionaires* qui le premiers firent imprimer quelques uns de ces livres à *Paris*, avouënt dans leur *Declaration provinciale* fol. 17. qu'ils n'avoient rien trouvé dans la Philoſophie pratique des *Chinois*, après l'avoir bien examinée, qui fût contraire aux lumiéres de la la raiſon, ou à la loi naturelle; mais que l'on y voyoit une infinité de choſes, qui favoriſoient merveilleuſement l'une & l'autre. Auſſi donnent-ils de grands eloges à *Confucius* fol. 21. à cauſe de *l'innocence de ſes moeurs*, de *ſa modeſtie*, & de ſa *ſeverité*. Et ſans mentir, il s'en faut beaucoup encore, que Mr. *Lange* puiſſe entrer en paralelle avec *Confucius*; Philoſophe, qui n'avoit tout au plus que quelques étincelles de la lumiére naturelle: Il doit ſe faire de bien grands changemens chez Mr. *Lange* s'il veut un jour n'être pas confondu par *Confucius*, quelque mal qu'il en diſe. Il aura affaire alors à un juge, auprès du quel tous ſes artifices ne ſeront d'aucune efficace. Ce n'eſt point dans ce dernier jour qu'il pourra tirer avantage des trois *L.* qui ont ſervi il y a long temps à le caractériſer, & par où quelques Theologiens Lutheriens ont deſigné ſes menſonges, ſes tergiverſations & ſes calomnies; trois mots, qui dans la langue Allemande commencent par un L. (Lügen, Leugnen, Läſtern.)

VII.

VII.

REPONSE AUX REMARQUES ANNEXEES.

Fausse insinuation de M. Lange.

1 Mr. *Lange* insinuë ici, qu'il y a plusieurs autres Propositions erronées & chimériques dans ma Philosophie, que lui & d'autres y ont decouvertes. Sans doute ces erreurs sont du même ordre *que la grande erreur fondamentale*, qu'il m'impute si faussement, que nous avons rapportée ci-dessus, & où il prétend que j'anéantis la liberté & que j'introduis un destin inévitable. Que Mr. *Lange* est singulier, disons mieux, qu'il est ridicule! Il veut passer pour le plus zelé defenseur de la liberté, & jamais homme sous le soleil, ne fut plus maitrisé par ses passions que lui, ni ne merita mieux le nom d'esclave: Toutes les persecutions qu'il me suscite n'en sont-elles pas une preuve parlante? Qu'il apprenne donc de *Thomas à Kempis* cette leçon si salutaire:

re; „Gardez vous de diſputer ſur quel„que verité, ſi vous la dementez par vos „actions.

Ma Morale n'eſt point établie ſur des Principes mechaniques.

2. Rien n'eſt plus viſiblement faux, que l'accuſation, que me fait Mr. *Lange* d'avoir fondé tout le Siſtéme de ma Morale ſur des *Principes mechaniques*. Perſonne encore avant moi n'avoit deduit comme je l'ai fait, toute la Morale pratique, de la ſeule idée de la liberté. C'eſt en vain que Mr. *Lange* aſſeure, qu'il n'y a rien de bon ni de ſain dans ma Morale; il ne faut pour ſe convaincre du contraire, que jetter les yeux ſur ce que j'y dis de nous devoirs envers Dieu. Et qu'il me nomme; je ne dirai pas un ſeul Theologien, mais ſeulement un Philoſophe; qui ait manié ce ſujet avec autant d'ordre & d'evidence que moi? Qu'il ſache, j'y conſens de bon coeur, que je m'épriſe ſouverainement toutes ſes calomnies; N'y a-t-il pas déja long temps

temps, que ſes Dévanciers dans ce metier, & ſes modeles, ont auſſi traité le Sauveur lui même, de Samaritin, & de ſuppot du Demon!

Conduite de Mr. Lange à l'égard de ma Philoſophie.

3. J'en conviens avec Mr. *Lange*, ce qu'il y a de vrai dans un ouvrage ne juſtifie, ou n'excuſe point ce qu'il y a d'erroné. Mais Mr. *Lange* a-t-il pû prouver une ſeule des erreurs, qu'il m'attribue? Ne s'eſt-il pas deshonnoré par cette fauſſe demarche aux yeux de tout ce qu'il y a parmi les hommes, de gens raiſonnables, & impartiaux? Ne leur a-t-il pas demontré au doigt & à l'oeil, qu'il meritoit effectivement les plus honteuſes epithétes; & que vingt ou trente impreſſions ne ſauroient faire changer de nature à une calomnie, ni la transformer en une verité.

Defenſe du droit, que j'avois à Halle d'enſeigner la Philoſophie.

4. Il eſt vrai que Sa Maj. Pruſſienne m'avoit établi *Profeſſeur* en *Mathema-*

tiques

tiques & en *Physique*, à *Halle*, & qu'en consequence j'y ai donné des leçons publiques sur ces deux Sciences. Mais il n'est pas moins vrai, que les *Statuts* de l'Université permettent à chaque Professeur en Philosophie, de dicter un *Cours de Philosophie*. Il n'étoit donc pas necessaire, que j'obtinsse pour cela, une nouvelle permission du Roi, puisque je ne faisois que jouir d'un privilege accordé & qui étoit commun à tous mes Collegues. Mr. *Lange* sait-il quelqu'un, qui m'en ait fait un crime; & le Senat Academique m'en a-t-il jamais repris? Que doit-il dire de Mr. *Thomasius*, qui tout Professeur en droit, qu'il étoit à *Halle*, ne laissoit pas de tenir des Colleges sur la Philosophie, quoiqu'il n'en eût pas le droit, & que toutes les chaires fussent remplies?

Mr. Lange juge de moi & des autres, par lui même.

5. Mais qui est-ce qui ne sera point surpris, d'entendre Mr. *Lange* me taxer de forfanterie! Ce reproche est d'autant plus

dans mes Ouvrages, le moindre mépris pour qui que ce ſoit, & que j'ai pour méthode inviolable de me borner à mon ſujet. J'ai encore on cela le bonheur de ne reſſembler point à Mr. *Lange.* Il a l'art de groſſir ſes Ouvrages d'invectives & d'inſultes, & ce malheureux défaut s'eſt ſi bien naturaliſé chez lui, qu'il n'y tombe plus que machinalement, & qu'il eſt devenu une partie eſſentielle à ſa Nature. D'ailleurs je ſuis bien aſſuré, que mes anciens Auditeurs, & les propres Partiſans de Mr. *Lange*, me laveroient eux mêmes de cette accuſation, s'ils en étoient requis, nommément, les uns ou les autres: car ces generalités, dans lesquelles Mr.*Lange* ſe cantonne, ne ſignifient ni ne prouvent rien. Ne ſait-on pas de reſte, que la Médiſance eſt ſon élément? Mr. le D. *Hartmann* l'a prouvé demonſtrativement loc. cit. art. 56.

6. Mr. *Lange* m'accuſe de n'avoir negligé aucune occaſion, de parler de la *Ste. Ecriture*, avec mépris & avec

derision, dans mes leçons ou dans mes Colléges. Mais s'il étoit sincére, & qu'il en usât de bonne foi, ne devoit-il pas porter cette accusation devant nôtre Juge commun, dans le temps que j'étois à *Halle?* que ne me denonçoit-il alors à mes Superieurs, ou que ne me nomme-t-il à présent mon calomniateur, afin que je puisse lui faire subir la peine qu'il merite? Lui sera-t-il donc permis après 13. ans passés, de venir alléguer aujourd'hui de si vieux griefs, & des griefs exprimés en termes si generaux? Sera-t-il dispensé de nommer mes Delateurs, de rapporter les propres paroles, dont je me suis servi, de marquer le temps & les circonstances, où tout cela s'est passé? Ie doute, qu'il y ait personne, qui ne regarde cette accusation comme une calomnie: sur tout après tant de faussetés, dont nous venons de prouver, qu'il s'est rendu coupable dans ce nouvel Ecrit, malgré le serment, qu'il a preté à son Prince de dire la verité.

Quo

Quoi donc, ſi j'accuſois à mon tour Mr. *Lange*, de s'être montré l'Avocat des blasphemateurs de la Religion, & de ceux, qui en diffament les Miniſtres, toutes les fois, qu'il y a trouvé ſon compte, pour nuire à l'objet de ſon envie & de ſa haine? Sa conſcience à ces mots ne ſentiroit-elle aucun ſaiſiſſement, aucun trouble? Je le crains: car combien de fois, moi même & pluſieurs autres, n'avons nous pas eſſayé vainement de la reveiller, en lui mettant devant les yeux, jusqu'à quel point il s'oublioit, non ſeulement à mon égard, mais ſur tout envers Dieu, qu'il doit craindre, & envers ſon Roi, qu'il doit honnorer. Et s'il prétendoit, que ces derniéres paroles ſont outrées & inſoutenables, je me fais fort, & je m'oblige, de les lui demontrer, quand il voudra, publiquement & à la face de toute la terre: le temps ne me permettant pas de le faire à préſent. A l'égard de ſon oubli envers la verité, mes Ecrits l'ont rendu inconteſtable; & je lui pardonne de bon coeur, ce qui me regarde

 per-

perſonnellement; pourvû que vraiment touché de ſes écarts & de ſes fautes, il en demande pardon à Dieu, & qu'il penſe enfin à ſauver ſon ame, pendant le peu de temps, qu'il a vraiſemblablement encore à vivre. Il ſeroit au reſte bien embaraſſé à montrer dans mes Ouvrages, je ne dirai pas le moindre terme mépriſant, ou injurieux à l'*Ecriture Ste.* mais rien ſeulement, qui ſentit le moins du monde, que je n'en fais pas tout le cas, qu'elle merite. Je puis lui faire voir tout le contraire; & cela a même déja été fait par un *Danois*, dans une lettre, qu'il a écrite ſur ce ſujet.

VIII.

REPONSE AUX REMARQUES TOUCHANT L'APOLOGIE, DONT MA PHILOSOPHIE A BESOIN, POUR ETRE ESTIMEE.

Mr. Lange *ne peut ſouffrir, qu'on lui decouvre ſon opprobre.*

1. Mr. *Lange* ne peut ſupporter, que l'on diſe, qu'il péche à mon égard par igno-

ignorance; parce qu'on eſt obligé d'ajouter, qu'il eſt d'abord tombé de bonne foi dans l'erreur, mais qu'il n'a pas voulû être desabuſé dans la ſuite. Or, je demande, s'il n'eſt pas evident, qu'un homme, à qui depuis 13. ans, on ne ceſſe de faire voir demonſtrativement, que toutes ſes accuſations ne ſont nullement fondées, & qu'il ne fait que donner à gauche, que tordre toutes mes expreſſions; mais qui malgré cela ne ſe deſiſte point de ſes fauſſes, de ſes vieilles accuſations, quoiqu'il n'ait rien à repliquer: Je le demande, dis-je, un tel homme n'a-t-il que l'entendement gaté, n'a-t-il pas auſſi la volonté depravée & corrompuë? Qu'il a tort de murmurer! Ne devroit-il pas au contraire ſavoir gré à ceux, qui, par égard pour ſon honneur, cherchent à couvrir ſa honte, & aiment mieux rejetter l'irregularité de ſon procedé, ſur un défaut d'entendement, ſur ſon ignorance, par exemple; que d'en accuſer ſa volonté. Et ne ſait-on pas, qu'il a pris leçon, & qu'il s'eſt fait diriger dans la maniére de donner un ſens dangereux à mes Propoſitions, par un *Judas* moderne, par ce même *Straehler*, dont le nom, ſelon la remarque de bien des Gens, le declare ce qu'il eſt, c'eſt à dire, un Calomniateur. C'eſt ce même homme, à qui Mr. *Lange* a fait donner la chaire de Philoſophie, pour prix de ſa trahiſon, & pour ſalaire de ſon apprentiſſage; dignité, à laquelle il n'auroit jamais eû la temerité d'aſpirer de lui même, vû les circonſtances, où il ſe trouvoit. C'eſt ce qui n'eſt ignoré de perſonne, & que tant de gens ont mille fois reproché à Mr. *Lange*.

Si ma Philoſophie eſt obſcure, parceque quelques perſonnes ne l'entendent point.

2. Mais il ſe trompe fort, s'il penſe, qu'il eſt peu glorieux pour ma Philoſophie, de n'être point entenduë par lui, & par des Gens de ſa force. Qu'il me permette de lui dire, que cela fait autant de tort à ma Philoſophie, qu'il en fait aux Elemens d'*Euclides*, de n'être point com-

compris par Mr. *Lange* & ſes pareils: Le *Maréchal* de *Schmalkalde* lui a appris la raiſon de cette obſcurité de ma Philoſophie pour lui. Ne peut-il pas faire grand jour, & ſe trouver pour tant des Gens, qui ne le voyent point? Les hiboux fuient la lumiére du ſoleil: Mr. *Lange* dira-t-il pour cela, que le Soleil ne luit point?

Mr. Lange *veut paſſer pour être innocent.*

3. Il appelle l'ordre, qui me fit quitter *Halle*, une Démiſſion, ou un Congé peu honorable; Mais je l'ai toujours regardé, & je l'ai même declaré dans tous les Ecrits, que j'ai fait pour ma defenſe, comme une perſecution, qu'il avoit operée, & qui n'a point d'exemple parmi les Payens mêmes, bien loin d'en avoir parmi les Chrétiens: Auſſi répondra-t-il d'une action ſi noire, à ſa Majeſté Pruſſienne, qu'il a bleſſée par là d'une maniére ſi audacieuſe. Il a beau dire pour exténuer ſon crime, que ce n'étoit pas ſon intention de me perdre; laiſſe-

t-il échapper une ſeule occaſion, ſans en marquer ſa joye, & ne la trahit-il pas dans ſes Ecrits? Non, il ne me perſuadera jamais, que ſon procedé à mon égard ne ſoit la plus haute de toutes les injuſtices.

Que l'on ne peut rien conclurre contre moi de tous les Ecrits, qu'on a compoſés pour me refuter.

4. Mr. *Lange* ne devroit pas non plus faire tant de bruit, du grand nombre d'Ecrits, qui ont paru contre moi; Mr. *Riebow* & pluſieurs autres lui ont aſſez montré, qu'il n'avoit pas raiſon d'en tirer vanité. Peut-être trouveroit-il, s'il vouloit s'en donner la peine, qu'il y en a plus encore pour, que contre moi. Et ſi ce raiſonnement étoit fondé, quel jugement faudroit-il à faire de toute la Faculté de Theologie à *Halle*, contre laquelle il s'eſt publié tant de Livres, dans toutes les Univerſités d'*Allemagne* & ailleurs? Y a-t-il même une ſeule Univerſité, qui depuis peu, ne ſe ſoit pas declarée contre elle; & n'a-t-il pas paru

rû de tous cotés des Edits, qui defendoient de recevoir pour Miniſtres, tous ceux, qui auroient étudié en Theologie à *Halle;* defenſe, qui eſt même encore obſervée en pluſieurs endroits.

Quels ſont les.

5. D'ailleurs on ſait fort bien, que le plus grand nombre de ceux, qui ont pris parti contre moi, ne l'ont fait que ſur la bonne foi de Mr. *Lange*, à qui ils ſe confioient entiérement; & qu'ils n'ont point lû mes ouvrages, ou du moins, qu'ils ne les ont point lû de la maniére, qu'il les faut lire pour les comprendre. Oui, l'on ne ſait que trop, par quels artifices, & par quels indignes procedés Mr. *Lange* m'a ſuſcité des Ennemis, & comment il a crû juſtifier ſa conduite, aux yeux de ſon Souverain, par cette foule de contrediſants, qu'il a ſoulevés contre moi, & dont il ſe fait comme un Boulevard aſſuré. Mais il s'eſt trompé dans ſon attente.

S'il est vrai, qu'il n'y a point de Professeur, qui ait adopté ma Philosophie.

6. Il est aussi certainement faux, qu'il n'y ait point encore de Professeur *ordinaire* dans aucune Université, qui ait adopté mes principes. J'en puis nommer plusieurs à *Tübinge*, à *Leipzig*, à *Gripswalde*, & à *Groningue*. Mais quand cela ne seroit point, qu'en pourroit-on inférer, que l'on ne pût également appliquer à l'Evangile, contre lequel on se ligua d'abord de toutes parts, & qui fut rejetté avec tant de mépris? Ne dit-on pas de J. C. *voyons nous un seul scribe ou Pharisien, qui croye en lui?* Et Mr. *Lange* lui même, que concluoit-il contre les Theologiens de *Halle*, lorsqu'autre fois, & dans le temps qu'il étoit encore Régent du Collége, il voyoit toutes les Universités declarées contre eux, & qu'il leur prêtoit son ministére afin d'être élevé, pour recompense de ses soins, de la poussiére du Collége jusques sur la Chaire Academique?

Re-

Remarque sur la Suede.

7. J'ignore parfaitement ce que Mr. *Lange* débite ſur la defenſe, qu'il prétend qu'on a faite en *Suede*, d'enſeigner ma Philoſophie dans les Univerſités de ce Royaume. Je renvoye à lui répondre là-deſſus, jusqu'à ce que je me ſois informé, ſi le fait eſt certain.

Sur Göttingen.

8. A l'égard de l'Univerſité de *Göttingen*, je ne ſuis point ſurpris, que les Etudians y ſoient entretenus dans la prévention, qu'on leur a inſpirée contre moi. Mr. *Lange* eſt en grande liaiſon avec un des Theologiens de cet endroit-là; en faut-il davantage pour expliquer le Phénoméne? Mais ce ſont leurs affaires, & c'eſt à eux à examiner s'ils font bien, ou mal.

9. Je doute auſſi beaucoup, que les Savans, qui ſont en commerce de lettres avec Mr. *Lange*, ayent lû ma Philoſophie, & qu'ils ne s'en rapportent pas aveuglément à ſa bonne foi; caution nean-

neanmoins bien peu fidéle! Je puis opposer aux lettres de ces Correſpondans, d'autres lettres, que j'ai reçuës des plus ſavans hommes de nôtre temps, qui jugent bien plus favorablement de mes ouvrages, que Mr. *Lange* & ſes Semblables. Pluſieurs perſonnes m'ont auſſi fait part de celles, qu'on leur a écrites ſur mon ſujet. Ma Philoſophie a même penetré jusqu' en *Tranſylvanie*. Mr. de *Koleſeri*, Gentilhomme de ce Pays-là, a eû ſoin de lire tous mes ouvrages, à meſure qu'ils paroiſſoient, & les a étudiéz à fond. Il reçut avis dans les commencemens de mon démêlé avec Mr. *Lange*, que j'avois desſein de répondre à un Ecrit, que Mr. *Buddée* avoit composé contre ma Philoſophie, dans les idées de Mr. *Lange*. Là-deſſus il répondit au Savant, qui lui avoit donné cet avis; que *la Doctrine Wolfienne n'avoit nul beſoin de défenſe, & qu'elle ne ſuppoſoit dans les Lecteurs, que de l'attention, & de la capacité.* Il ajoutoit ces mots: *Les Antagoniſtes de Wolf, euſſent*

eussent ils mille fois plus de Secours qu'ils n'en ont, ne pourront tenir contre lui; s'il se taisoit même, ses Ecrits parleroient suffisamment. J'ai suivi ce judicieux conseil, je les ai laissé répondre pour moi à ce torrent de calomnies, d'insultes & d'outrages, dont on a crû m'accabler. J'ai gardé un profond silence.

Voici ce qu'un illustre *Abbé* écrivit à un autre Savant, qui lui avoit envoyé ma Harangue sur les *Chinois*. *Vous m'avez fait, Monsieur, un plaisir bien sensible, de me communiquer la Harangue de Mr. Wolf. Son nom est si célébre parmi tous les Savans, qu'il n'y en a aucun, qui ne soit extrémement mortifié d'apprendre, que l'on donne tant de chagrin à un si grand homme, pour un si leger sujet! Soyez persuadé, Monsieur, que vous ne pouviez me faire un présent, qui me fut plus agréable. J'ai d'abord lû attentivement la Harangue sans les Remarques, & puis, j'ai aussi lû les Remarques avec un souverain plaisir. Je ne me rappelle pas d'avoir jamais rien lû de plus sa-*

ſavant, ni de mieux penſé. En verité je ſuis dans le dernier étonnement, qu'il y ait des gens & même des Theologiens, capables de faire un crime à Mr. Wolf, d'avoir publié cette piéce; tandis NB, qu'ils s'arrogent eux mêmes tant de licence en fait de ſentimens de Religion, ou je me trompe fort, ou Mr. Wolf ne les a offenſés, que pour avoir voulu traiter les autres ſciences en Philoſophe, & en Mathematicien.

10. Mais que dirons nous de ce qu'il avance ici; ſavoir, que ceux qui vantent ma Philoſophie ne l'ont pas examinée à fond, & qu'ils n'en ont même rien lû du tout. Comment Mr. *Lange* prouveroit-il cette Théſe? Il ne faut pour le refuter, que le renvoyer aux deux Extraits que je viens d'alléguer. Il y a plus: Il y en a pluſieurs, qui n'ont pas eû honte d'avouër, que les Ecrits violens de Mr. *Lange* les avoient fort prévenus contre moi; mais que la lecture de mes ouvrages les avoit bientôt guéri de cette injuſte prévention. Ie me contenterai d'en citer quelques exemples.

Mr.

Mr. *Hollmann*, qui est actuellement Professeur en Philosophie à *Göttingen*, fait positivement cet aveu dans son Traité latin d' *Observations Elenctiques*, dont j'ai parlé ci-dessus. Le Pere *Tournemine* se laissa prévenir de même contre moi, à Paris, par le Chapelain de l'Ambassadeur de *Dannemarck*. Mais il changea bientôt de sentiment, lorsqu'il fut mieux au fait de ma Philosophie. Non seulement il me declara innocent du crime d'Athéisme, que l'on m'imputoit; mais il me donna même le plus grand de tous les éloges, en disant; que si j'avois tant d'ennemis, ce n'étoit que parcequ'ils étoient jaloux, & incapables de faire aussi bien que moi. On dit encore que certain voyageur l'étant allé voir, ce Pere lui demanda de mes nouvelles, & qu'aiant entendu parler du procedé de Mr. *Lange*, le Pere *Tournemine* lui répondit brusquement: les *Antagonistes de Mr. Wolf sont des sots, qui ne savent eux mêmes ce qu'ils veulent.* D'un autre coté les Journalistes de *Trévoux*

voux prononcent, que l'abrégé de ma Philoſophie, fait par Mr. *Thummig*, ſous le nom d' *Inſtitutions*, eſt le plus excellent ouvrage de Philoſophie, que nous ayons jusqu' à préſent.

Que les adhérens de Mr. Lange *ont pour lui une foi aveugle.*

II. Mais autant que Mr. *Lange* eſt peu fondé dans le reproche, que je viens de repouſſer, autant ſuis-je fondé à le lui faire moi même. N'ai-je pas prouvé mille fois, que ceux qui tiennent le parti de Mr. *Lange* n'ont point lû mes ouvrages? Donnons en pourtant une nouvelle preuve. On ſait que Mr. *Andala*, Profeſſeur à *Franequer*, étoit grand Sectateur de *Des-Cartes*, & grand ennemi de feu Mr. de *Leibniz.* Mr. *Lange* mit tout en oeuvre pour le gagner contre moi, & lui fit les plus belles promeſſes du monde, pour l'engager à m'attaquer dans l'ouvrage, qu'il alloit donner au public, au Sujet des Reformés de Pruſſe. Mais lorsqu'on vint à diſputer ſur les Théſes, que Mr. *Andala* compoſa ſur

sur ce Sujet, & qu'il fit soutenir publiquement ; rien ne fut plus plaisant, que ce qui arriva dans cette occasion. Un des opposans ayant apporté mon Livre même à l'Auditoire & s'étant avisé d'en expliquer le Sens en latin, parce que Mr. *Andala* n'entendoit point l'allemand, jamais homme ne fut plus capot que ce Savant, à l'ouië d'une explication si différente de ce qu'il m'avoit fait dire dans ses Théses ; aussi n'eût-il autre chose à repliquer, pour sa defense, si ce n'est qu'il s'étoit confié à la bonne foi de Mr. *Lange*. Il est heureux, que son talent pour le mensonge ne soit pas bien connu encore de tout le monde ; auroit-il pû sans cela en imposer à personne?

Pourquoi il ne veut pas, que l'on approuve quoique ce soit de ma Philosophie.

12. Je ne suis point surpris, que Mr. *Lange* ne veuille point convenir, que ce que je dis de la connoissance qu'on peut avoir de Dieu, par les lumiéres Naturelles, & de la juste Subordination du

principe de la Raiſon à celui de la Révelation, ſoit auſſi juſte, que tant d'autres l'aſſurent. Eſt-il homme à jamais avouër, que j'aye fait quelque choſe de raiſonnable? lui qui m'a refuſé depuis long temps jusqu'au ſens commun; & qui m'a donné pour un homme, dont l'*Allemagne* doit rougir? On n'a pas manqué de le redreſſer là deſſus publiquement, en lui reprochant de ſavoir ſi peu moderer l'amertume de ſa bile, lui qui ſe pique d'ailleurs d'être excellent Hypocrite.

Si Mr. Reinbeck *eſt dans mes principes.*

13. Mr. *Lange* ne perſuadera jamais, à quiconque connoit ma Philoſophie, qu'il regne d'autres principes que les miens dans les Conſiderations que Mr. *Reinbeck* a fait imprimer, ſur la *Confeſſion d'Augsbourg*. J'avouë, que ſi les *erreurs fondamentales*, que Mr. *Lange* prend la peine de m'attribuer, étoient mes principes, ils feroient abſurdes, & ne ſauroient par conſequent ſe trouver dans l'excellent

Livre

Livre de ce Savant Pasteur. Mais ces erreurs sont malicieusement inventées par Mr. *Lange*, & il ne se trouve rien de tel dans aucun de mes ouvrages. Lorsque ce beau Traité parut, les Auteurs des *Actes des Savans* en prirent occasion de dire. „Enfin voici le temps, „que les Ennemis de Mr. *Wolf* ne débi„teront plus, que sa Philosophie est dan„gereuse, puis qu'un grand Theologien „vient de produire de si belles preuves „de son utilité! Mais je connoissois mieux Mr. *Lange* que ces Journalistes; aussi prédis-je d'abord, que ce Livre alloit donner lieu à de nouveaux débats, & reveiller l'envie, la haine & l'animosité de Mr. *Lange* contre moi; & cela n'a pas manqué d'arriver.

Que je ne suis point obligé, de m'expliquer plus clairement, & dans le sens que l'entend Mr. Lange.

14. Il n'est point nécessaire que je m'explique mieux ou plus clairement que je n'ai fait, dans le sens que l'entend Mr. *Lange*. Je n'ai nullement af-

faire de telles explications. Il voudroit que je convinsse avec lui, que les erreurs qu'il m'impute se trouvent dans mes Ecrits, & que par conséquent j'en ôtasse les endroits, qu'il cite en les tordant, & que j'y suppléasse par d'autres choses. Mais qu'il ne s'attende point à être obéi; je n'ai point, à son imitation, appris à sacrifier la Vérité au mensonge. Il m'accuse précisément de ce, dont il est lui même coupable. Mr. *Lange* est le premier homme du monde, à nier & à désavouër ce qu'il a écrit lui même, toutes les fois, qu'il y va de son interêt à en user de la sorte. Son grand talent, c'est de savoir jetter de la poudre aux yeux, & d'en imposer par de grands mots à tous ceux, qui ne sont pas en état d'en juger.

Que Mr. Lange *nie ce qu'il a lui même écrit.*

15. Il me prend envie d'en produire ici une preuve; Nous avons vû, comment Mr. *Lange* approuve le Traité de Mr. *Reinbeck* sur la *Confession de Augsbourg*,

bourg, ſous prétexte que les Principes de ce ſavant Théologien ſont fort differens, dit-il, des miens. Cependant il n'a pas craint dans ſes ouvrages, & même tout récemment encore dans ſon livre allemand, intitulé der philoſophiſche Religions-Spötter; il n'a, dis-je, pas craint d'y blamer ouvertement Mrs. *Reinbeck* & *Rollof*, de ce qu'ils favoriſoient ma Philoſophie, quoique ces Théologiens ſoient Sujets comme lui du même Prince, & tous deux fort eſtimés de leur Maitre commun, qui rend juſtice à leurs talens extraordinaires, comme ne l'ignore pas Mr. *Lange*. On prétend ici, qu'il n'a témoigné tant d'éloignement pour ces Meſſieurs, que pour n'être pas expoſé à entrer en conférence avec eux, pendant le ſejour, qu'il a fait depuis peu à *Berlin* & à *Potsdam*; ſa conſcience ſans doute le convaincant d'avance, qu'il fondroit devant ces habiles Gens, comme la cire devant le feu. Pour moi, dont la conſcience eſt droite devant Dieu, & qui ſuis amateur du vrai, je n'ai que faire

 re

re de desavouër ce que j'écris. Bien loin de là, ce que j'ai écrit parle pour moi contre Mr. *Lange*, & parlera en ma faveur tant que subsisteront mes Ecrits, Mr. *Lange* rougit si peu de dire un mensonge, qu'il voudroit vous persuader, qu'il fait nuit en plein Midi. Je me rappelle qu'autrefois à *Halle*, & dans une assemblée du Sénat Académique, il s'emporta si terriblement, que sa langue devint presque paralitique, & que la bouche encore toute écoumante, il s'écria d'une voix entrecoupée, Dieu sait que *je ne m'emporte point!* Il me seroit facile de multiplier les exemples, & d'alléguer des cas particuliers, qui ne m'ont que trop appris, combien il est porté au mensonge, & combien il sait peu s'en defendre, lors qu'il affecte le plus de paroitre homme de bien.

*Jusqu'à quel point j'admets l'*Harmonie pré-établie

16. Mr. *Lange* m'oppose, que l'on dit que je ne m'en tiens pas à l'*Harmonie pré-établie*: Expliquons lui ce qui en est.

Je

Je me ſuis ſervi dans ma Métaphyſique de l'*Harmonie pré-établie*, ainſi que je l'ai dit ci-deſſus, comme d'une Hypothéſe philoſophique, propre à repandre du jour ſur l'union de l'ame & du corps: (Et n'uſe-t-on pas de la même liberté dans l'Egliſe Romaine, à l'égard du Siſtéme de *Copernick*, ſur le mouvement de nôtre globe; quoiqu'il ſoit émané autre fois du Tribunal de l'*Inquiſition*, un rigoureux décret contre le célébre *Galilée*?) Mais je ne fonde nulle part dans mes ouvrages aucun point de doctrine ſur l'*Harmonie pré-établie*. Mr. *Lange* cependant, bien aſſuré que le plus grand nombre de ſes lecteurs ne verroient pas clair, dans une Hypothéſe peu connuë encore, a oſé débiter que toute ma Philoſophie, & ma Morale en particulier, avoient cette Hypothéſe pour principe fondamental. Je l'ai défié lui & ſes adhérens, de me montrer un ſeul endroit de ma Morale, où j'aye cité un article, qui traite de l'*Harmonie pré-établie*, & ſur lequel en conſequence j'aye fon-

fondé quelque doctrine. Mais il est aussi peu possible de prouver une telle Accusation, qu'il le seroit de faire voir le Soleil, au milieu de la nuit. Mr. *Lange* ne laisse pas néanmoins de renouveller sans cesse les mêmes imputations, dès qu'il se flatte de me nuire par là. Aujourd'hui, qu'il a craint que Sa Majesté Prussienne ne l'obligeât peut-être à produire les endroits de ma Morale, où il m'accuse d'avoir admis l'*Harmonie pré-établie* comme un principe, il change de langage, & soutient seulement, que ma Morale est fondée sur des principes de Mechanique; espérant ainsi de se derober à la honte, d'être convaincu de mensonge à la face de toute la Terre.

Mr. Lange *m'impute ce qu'il fait lui même.*

17. Mr. *Lange* abandonne donc les mots, & retient les choses mêmes, lorsqu'il y trouve son compte; & il passe ainsi sans scrupule par dessus tous les égards les plus légitimement dûs. Et comme

me il à contracté l'habitude de juger des autres par lui même, reproche, qui lui a déja été fait du temps de ses démélés Théologiques; il me traite sur le même pied, & m'accuse d'avoir supprimé le nom d'*Harmonie pré-établie*, & d'en avoir retenu les principes. Cependant il est manifeste, & chacun peut s'en instruire par ses propres yeux, que je ne déguise rien; puisque dans le Traité, que j'ai publié depuis peu en latin, sous le Titre de *Psychologie raisonnable*, j'ai traité fort au long de l'*Harmonie pré-établie*; que le Chapitre 4e. de la Section IV. y est employé tout entier; & que toutes les pages depuis la 543: jusqu'à la 587, présentent par tout ces propres mots, de l'*Harmonie pré-établie*.

Que l' Harmonie pré-établie *ne paroît point ridicule aux Savans.*

18. Ce que Mr. *Lange* ajoute, savoir que j'abandonne le nom de l'Harmonie pré-établie parceque la chose même est ridicule, ne merite pas, à la verité,

 d'être

d'être relevé, parceque la fausseté en est evidente. Mais je ne puis lui accorder que cette découverte de Mr. de *Leibniz* puisse paroitre ridicule à un Esprit cultivé. Elle ne paroit telle qu'à ceux, qui se moquent de même du mouvement de la Terre autour de son axe, quoique l'on soit forcé d'adopter ce Sistéme, lorsqu'on veut rendre raison des Phénoménes céléstes, dont traite l'Astronomie. L'*Harmonie pré-établie* ne paroit donc ridicule, qu'à ceux qui trouvent tel tout ce qui passe la portée de leurs Sens, ou qu'ils ne comprenent point. Mais ce n'est point là le jugement, qu'en portent les Gens éclairés, les génies capables de juger du fond même des choses. Mr. de *Fontenelle* Sécretaire de l'*Academie Royale des Sciences* de *Paris*; lui que chaque Savant se feroit honneur d'avoir pour Juge en matiére de Philosophie, & de Mathematique, & qui est extrémement réservé en fait de jugemens; Mr. de *Fontenelle* dans la Harangue, qu'il prononça en pleine Assemblée

Aca-

Académique, n'a point fait difficulté de dire, que l'*Harmonie pré-établie* de Mr. de *Leibniz* étoit une découverte aussi heureuse qu'inopinée, & qui donnoit de la toute-Science Divine l'idée la plus magnifique que l'on pût concevoir. Les savans Journalistes de *Trévoux* nomment cette Hypothése une riche découverte, & ils déclarent, qu'il ne faut point la confondre avec les principes mêmes de la Théodicée, contraires à la foi Catholique; & qu'ils sont persuadés que cette Hypothése NB. est extrémement favorable à la liberté. C'est là néanmoins ce que Mr. *Lange* & ses Sectateurs traitent de ridicule! Le sage *Epictéte* m'avoit déja muni d'avance contre ces sortes d'accidens; mettez-vous bien dans l'ésprit, dit-il, que si vous voulez philosopher ou raisonner juste, vous vous ferez sifler; c'est à dire, sifler par des Gens de la trempe de Mr. *Lange*.

Où l'on confirme la certitude de l'applaudissement, que l'Italie donne à mes Ecrits.

19. Il ne trouvera pas mauvais, je l'és-

l'éspére, que je m'inſcrive encore ici en faux, contre ce qu'il avance au ſujet de l'applaudiſſement que l'on donne en *Italie* à mes Ouvrages. Mr. *Lange* prétend qu'il n'y a que mes Ecrits ſur les Mathématiques, qui ſoient goutés dans ce Pays-là. Je conviens avec lui, que mon livre latin, qui traite des Mathématiques, eſt approuvé en *Italie*, comme il l'eſt par tout ailleurs, & qu'on y a même traduit en *Italien* mon Dictionnaire Allemand des Mathématiques. Mais ce n'eſt point en Italie, mais à *Genéve*, que mes Traités ſur cette ſcience ont été réimprimés; & c'eſt à *Vérone*, que l'on imprime ma Philoſophie latine; auſſi a-t-on mis au Frontiſpice du Livre, l'eſtampe du Grand Amphithéatre de cette ville ſi connu dans le monde. Mr. *Lange* peut apprendre de l'Editeur, dans l'Epitre qu'il addreſſe au *Doge de Veniſe*, pourquoi l'on y préfere ma Philoſophie à toutes les autres, & pour quel Philoſophe je paſſe dans ce

Pays

Pays-là. Il y verra encore, que ce n'eſt pas ſans raiſon que l'on préſume, que ma méthode de philoſopher ne ſera pas plûtôt bien connuë, qu'elle ſera univerſellement adoptée, & qu'on ne la quittera jamais.

Jusques où je m'en rapporte au jugement des Jéſuites,

20. Je ſuis d'avis de ſatisfaire le Public touchant cet autre reproche de Mr. *Lange*, que je fais trop de bruit de l'approbation des *Jéſuites*. Je n'ai jamais allégué leur témoignage, que dans deux ſeules occaſions. Voici la prémiére. Dans le temps que Mr. *Straehler*, pour obtenir la chaire de Philoſophie, me chercha querelle à l'inſtigation de Mr. *Lange*, je rapportai dans un petit Ecrit, que je fis alors pour ma défenſe, & ſuivant en cela le conſeil de Mr. *Ludewig*, *Chancelier de l'Univerſité de Halle;* je rapportai, dis-je, le ſentiment de quelques *Jéſuites* de *Vienne*, dont un Conſeiller de la Chambre Imperiale venoit de me faire part. Ces *Jéſuites* diſoient, qu'ils

qu'ils regardoient ma Philoſophie comme un Livre fort utile, mais qu'ils n'approuvoient pas, que je l'euſſe écrit en allemand, parce qu'il étoit fort à craindre, qu'elle n'eût le même ſort, qu'eut la *Bible*, lorsqu'elle parut pour la 1e. fois dans cette langue. La ſeconde occaſion, où j'ai parlé des *Jéſuites*, c'eſt dans mon Traité latin de *Nexu rerum ſapiente*; où je n'allégue même le jugement des *Jéſuites* de *Trévoux*, dont j'ai fait mention ci-deſſus, que parce qu'ils regardent l'Hypothéſe *de l'Harmonie pré-établie* comme trés propre à éclaircir ce qui concerne la Liberté de l'homme; quoiqu'on les accuſe de donner à cette liberté une trop grande étenduë. Mr. *Hartmann* n'a pas manqué de faire remarquer cela à Mr. *Lange* dans le Traité, qu'il a publié contre lui.

Si les Jéſuites *ſont dans des principes d'Athéiſme.*

21. Il auroit certainement dû s'expliquer mieux ſur l'accuſation, qu'il fait aux *Jéſuites*, d'être dans des principes

cipes d'Athéiſme. Si Mr. *Lange* veut parler de principes de Philoſophie, il ſeroit auſſi peu en état de prouver ſa Théſe à l'égard des *Jéſuites*, qu'à mon égard, puiſqu'il eſt connu, qu'ils ſuivent les principes de *Thomas d'Aquin.* A-t-il en vûë leur conduite & leurs moeurs? En ce cas je crains beaucoup, que les *Jéſuites* ne puiſſent plus facilement le convaincre lui même d'Athéiſme, qu'il ne ſauroit en convaincre les *Jéſuites.*

Mr. Lange *cherche à me nuire en France par le moïen des* Jéſuites.

22. Mais puiſque ſelon Mr. *Lange* les *Jéſuites* ſont imbus des principes de l'Athéiſme, comment a-t-il donc oſé s'addreſſer au Pére *Tournemine*, le même qui a jugé ſi favorablement de l'Hypothéſe de Mr. de *Leibniz*, afin de l'engager à la Sollicitation du Chapelain de l'Ambaſſadeur de *Dannemarck*, à me déchirer dans ſon Journal, comme un Athée ! Mr. *Lange* eſt donc homme à im-

implorer le sécours même du Démon, s'il pouvoit en tirer avantage contre moi! Mais voici ce qui rend les *Jésuites* si Athées à ses yeux. Il est arrivé à Mr. *Lange* précisément la même chose qu'à son grand modéle *Voëtius*; ce Theologien de même ordre que lui, & ennemi juré de *Des-Cartes*, essaya par mille flatteries de gagner le Pére *Mersenne*, qui étoit un des plus grands hommes de son temps, & fort accrédité en France; mais *Voëtius* l'entreprit en vain. Mr. *Lange* de même n'a rien oublié pour mettre le Pére *Tournemine* dans ses intérêts; mais comme il n'a pû porter ce savant homme, à me faire passer sur sa parole pour un Athée; & qu'il n'en a eû d'autre réponse, si ce n'est, qu'il vouloit avant toutes choses s'informer du fond même de l'affaire; il n'en a pas fallu davantage à Mr. *Lange*, pour conclurre hardiment, que toute la Société étoit adonnée à l'Athéisme.

IX. RE-

XI.

REPONSE

A LA CONCLUSION.

1. Mr. *Lange* avance que les Profeſſeurs de *Halle* n'ont point adopté ma Philoſophie, uniquement à cauſe des *erreurs fondamentales*, qu'il y a fait remarquer, & il aſſure, qu'ils ne l'adopteront jamais. Ne diroit-on pas à l'entendre parler ſi généralement, qu'il a commiſſion de tous les Profeſſeurs de cette Univerſité, & qu'ils lui ont donné plein pouvoir de parler de la ſorte? Mais ſi cela eſt, que ne produit-il ſes titres? Cependant je doute fort, qu'ils ſoient tous de même opinion, que Mr. *Lange*. Et pour ne point alléguer ici d'autres conſidérations, il eſt connu, que lorsque Sa Maj. Pruſſienne eût formé le gracieux deſſein de me rappeller dans ſes Etats, Mr. *Lange* engagea le Profeſſeur en Théologie, qui étoit alors *Pro-Recteur*, à convoquer le Senat Aca-

 démi-

démique, qu'il tâcha d'induire par toutes ſortes de moïens, à répréſenter au Roi, que l'Univerſité ne pourroit jamais recevoir ma Philoſophie: mais il y perdit ſon Latin.

Remarque ſur la Reception de ma Philoſophie à Halle.

2. Je dis plus. Les Profeſſeurs de *Halle* ſont aſſurément dignes de louanges, en ce qu'ils refuſent d'admettre les *Erreurs fondamentales*, que m' impute Mr. *Lange:* auſſi ſa Maj. Pruſſienne ne permettra-t-elle jamais qu'on y enſeigne publiquement ces erreurs. Mais puiſqu'il n'y a pas même une ſyllabe, pour ainſi dire, de ces Erreurs dans ma Philoſophie, comment Mr. *Lange* peut-il affirmer, que les Profeſſeurs de *Halle* ne l'adopteront jamais?

Remarque ſur la ſaine Philoſophie de Halle.

3. Mais où eſt l'Ecolier, qui paſſe à Mr. *Lange*, que parce que les Profeſſeurs de *Halle* n'ont pas oſé expliquer mes ouvrages, il ſuive de là, qu'ils ayent enſeigné la ſaine Philoſophie, qu'il oppoſe

se à la mienne. Il falloit nommer les Livres qui renferment cette saine Philosophie, afin que l'on pût juger, si elle est effectivement meilleure ou plus mauvaise que celle que j'enseigne. Ce qu'il y a de bien certain, c'est que tous les Etudians, qui passent ici en venant de *Halle* se plaignent hautement, de ce qu'il n'y a plus rien à faire dans cette Université là pour la Philosophie, & pour les Mathématiques ; & ils ne manquent point de donner à cette occasion quelque coup de bec à Mr. *Lange*. Les Etudians en Théologie surtout se recrient beaucoup, de même que Mr. *Weidner*, Ministre à *Augsbourg*, de ce qu'ils sont forcés de se laisser abbreuver par Mr. *Lange* du *lait* de l'*ignorance*.

Avec combien peu de fondement Mr. Lange *débite, que la traduction de la Bible de* Wertheim *est le fruit de mes principes.*

4. Ce grand Théologien, Mr. *Lange*, publie que la Traduction de la Bible de *Wertheim* est le fruit de ma Philosophie. La raison de cette nouvelle injustice,

 c'est

c'est qu'il a vû que les Théologiens refusoient à cette traduction leur approbation, & qu'il a crû les soulever tous contre moi, & fortifier son parti, en leur rendant par là ma Philosophie d'autant plus odieuse. Or cette traduction de *Wertheim* est attaquée, parcequ'elle est faite de maniére, que les passages, qui sont reçus comme prophetiques en ce qu'ils annoncent J. C. ne prophetisent rien touchant le Messie, dans leur signification litterale. Mais le Traducteur se fondant à ce qu' il dit, sur le genie de la langue Hébraique, c. a. d. sur le sens des mots Hebreux comme ont fait avant lui *Grotius* & le Pere *Simon*, & comme a fait déja l'Historien *Josephe* dans ses Antiquités *Judaiques*, en ce qui concerne le Protévangile (*); comment se peut-il donc, que ce que l'on reproche à la Bible de *Wertheim* soit le fruit de ma Phi-

* Mr. *Wolf* entend ici par le mot de *Protévangile* les propheties, qui ont annoncé J. C. & nommément le 15*me* verset du Ch. 3. de la Genése, que la plus part des Théologiens appellent le *Protévangile*.

[Ph]ilosophie? N'est ce pas une rêverie, [q]ue de s'imaginer, que ma Philosophie [p]uisse servir à apprendre l'hébreu; & à [ju]ger du sens plus ou moins juste des mots hébraïques ? Ou selon la pensée [d]e Mr. *Lange*, qu'elle soit faite pour al[t]érer la signification de ces mots? Je n'ai pas oui dire non plus, que les choses, qui ont été condamnées dans la préface de la Bible de *Wertheim* ayent le moindre rapport avec ma Philosophie. Mr. *Lange* lui même dans son Ecrit, qui a pour Titre le *Momus de la Religion* (der Religions-Spötter,) n'en dit pas un mot.

Nouvelles preuves de l'habilité de Mr. Lange *à avancer des faussetés.*

5. Je vois avec plaisir, que Mr. *Lange* avouë enfin, ce qu'il a toujours nié ; Savoir que j'ai été fondé pour retourner à *Halle*. Il est vrai pourtant qu'il s'exprime d'une maniére à pouvoir donner en cas de besoin à ses expressions tel sens, qu'il lui plaira. Il a bien plus fait. Ce bruit n'eut pas plûtôt éclaté à *Halle*, & en

en d'autres endroits, que Mr. *Lange* se hâta d'écrire par tout, que c'étoit une nouvelle, que je faisois courir, & qui étoit purement de mon invention. Il débita d'un autre coté dans *Halle* même, que cela se faisoit à l'insçu du Roi, & il insinua dans la préface du Traité, qu'il fit ensuite contre ma Métaphysique, qu'il s'étoit répandu, il y avoit 2. ans, certain bruit à *Halle*, que je pourrois bien y être rappellé; mais qu'il ignoroit, si ce bruit étoit fondé ou non; son caractére ne lui permettant pas de faire des perquisitions là-dessus. Cependant tous les Professeurs ses Collégues savoient, combien il s'étoit donné de mouvemens dans le Senat Academique, pour l'engager à faire des représentations au Roi, afin de détourner mon rappel. Mais Mr. *Lange* avouë de nouveau présentement, qu'on a voulu me faire retourner à *Halle*; il l'avouë néanmoins de maniére, qu'il pourra toujours insérer dans les ouvrages, qu'il doit, dit-il, publier par ordre de Sa Maj. Prussienne, que ce

rap-

rappel n'a point été proposé du sû de ce Prince, mais uniquement par quelqu'un de ses Ministres.

Raisons, que j'ai eûës debalancer, si je quitterois Marbourg pour retourner à Halle.

6. Il me fache de lui dire, qu'il a très mal déviné les raisons, qui m'ont émpêché de retourner à *Halle*. Ce n'est point comme il le prétend malignement, que j'aye craint, que ma Philosophie ne m'y fût préjudiciable, ni qu'elle ne donnât lieu aux Professeurs en Philosophie & en Théologie, de me dénoncer de nouveau à Sa Maj. Prussienne, & de rendre ainsi ma derniére condition pire que la prémiére. Non ce n'est point cela; je suis convaincu, que Sa Maj. n'a point fait la démarche de me rappeller, par précipitation, mais après y avoir bien réflêchi pendant plusieurs années; & que par conséquent Elle m'auroit tenu ponctuellement, tout ce qu'Elle avoit eû la bonté de me prometttre à différentes reprises, par le ca-

 nal

nal de S. E. Monſieur de *Cocceji*. Je ſuis perſuadé qu'elle m'auroit protégé contre mes Adverſaires, en ſorte que j'aurois pû continuer à publier les ouvrages, qui me reſtent encore à faire & que tant de Gens s'impatientent de voir imprimés, comme je le puis prouver par des lettres, qui m'ont été écrites de toutes parts: Mais voici les véritables raiſons de mon refus. Je jugeai, qu'il ne me convenoit guére de quitter Marbourg, après les obligations, que j'avois à la Seréniſſime Maiſon de *Heſſe*, & la bonté extraordinaire que me témoignoit Sa Maj. le Roi de *Suede*, mon Souverain, de même que ſon alt: Ser. Monſeigneur le Prince *Guillaume*, ſous les heureux auſpices desquels je compoſe mes ouvrages, dans tout le repos poſſible. Je conſiderai auſſi, que ce ſeroit imprudent & ingrat, que d'abandonner de gaieté de coeur des avantages conſiderables, dont la bonté divine m'a actuellement comblé; & j'eus enfin égard au regret avec lequel l'Univerſité & la ville de *Marbourg* me verroient partir. D'un autre

autre coté je fis réflexion, qu'en retournant à *Halle* j'allois réjoindre mon plus cruel ennemi; cet homme dont malheureusement je connoissois si bien la haine implacable, les artifices, la mauvaise foi, & le dessein formé de me persécuter jusques à la mort. Je savois que je ne pouvois m'attendre qu'à mille désagrémens & à mille chagrins de la part d'un homme, qui comme Mr. *Lange* n'a ni crainte de Dieu ni respect pour son Roi; comme il vient encore tout récemment d'en donner une preuve authentique, dans la *feuille hebdomadaire de Halle* num. XX. du 14. May 1736. au grand étonnement de tous les Etrangers.

Explication téméraire d'un ordre du Cabinet du Roi, faite par Mr. Lange.

7. Voici le fait dont il s'agit. Mr. *Lange* soit par addresse soit par des représentations infidéles & importunes, obtint un ordre du Cabinet de Sa Maj. Prussienne, addressé à la Faculté de Théologie de Halle. Il est bon de re-

marquer en passant que cette sorte d'ordres est ordinairement accordée sous la clause, que c'est au péril de celui qui les sollicite, & dans la Supposition, qu'il a accusé vrai. Or l'ordre en question porte réellement, *qu'il est ordonné aux Etudians en Théologie de s'appliquer moins à de vaines connoissances Philosophiques, qu'à l'étude de la Théologie & des Saintes Ecritures.* Mr. *Lange* cependant a eû la hardiesse d'en forger une explication à son gré, quoiqu'il ne puisse ignorer qu'il n'appartient qu'au Roi seul dedonner de pareils éclaircissemens, & que tout Sujet qui s'en avise empiéte sur les Droits du Souverain. Il étoit sans doute poussé à cet attentat par le désir de satisfaire sa haine & sa fureur. Quoiqu'il en soit il prétend, qu'il faut entendre par ces vaines connoissances Philosophiques (dont parle l'ordre du Roi) mes Ouvrages de Philosophie, & que c'est là par conséquent une nouvelle défense d'enseigner à *Halle* mes principes. Il va même jusqu'à s'en s'en attribuer la gloire, en insinuant, que cet ordre est émané du Trône, en vertu des preuves, qu'il a données de bouche à Sa Maj. Prussienne, des erreurs dangereuses & de l'inutilité de ma Philosophie: & s'il faut l'en croire, ce n'est encore qu'avec la permission du Roi, qu'il s'est si fort pressé de publier tout ce qu'il a debité contre moi dans son nouvel *Exposé*, comme il a fait, tant-et-plus dans ses autres Ouvrages. Mr. *Lange* poursuit toujours sa pointe rien ne sauroit l'arrêter, quoiqu'il ne sache pas moins que tout le monde, que Sa Maj. Pruss. de l'avis de plusieurs Théologiens habiles & consciencieux, a jugé à propos de lever la défense, qui avoit été faite à l'Université de *Königsberg*, d'enseigher ma Philosophie, & qu'elle a permis aux Professeurs de l'expliquer publiquement. Il est facile de juger, quel effet doit faire sur l'ésprit des étrangers, un procédé si étrange de Mr. *Lange*; & si je n'ai pas été bien fondé à fuir le commerce d'un homme, qui foule tout

aux

aux piés, & pour qui il n'y a rien de sacré dans le monde, dès qu'il est question d'assouvir sa vangeance, & de nuire à l'objet de sa haine, & de son injuste ressentiment!

Fausse idée de Mr. Lange *sur l'impunité, qu'il se promet.*

8. Au reste, qu'il ne s'imagine point, que son caractére de Théologien, soit un rempart, à la faveur duquel il puisse attaquer & calomnier impunément un Philosophe. Il ne doit pas ignorer l'avanture d'un nommé *Schwarz*, Théologien de *Lunde* en Scandie, qui s'éleva avec tant d'animosité & d'aigreur contre Mr. de *Puffendorf*, à l'occasion de son Traité du *Droit de la Nature.* Mr. *Lange* est incorrigible, & voici déja la 13me. année, qui il me persecute sans discontinuation & qu'il ne cesse de reproduire ses anciennes accusations, quoiqu'elles ayent été mille & mille fois refutées & anéanties. Mais qu'il prenne garde à lui; il a tant de conformité avec le dit *Schwarz*, qu'il est fort à craindre, qu'il ne lui ressemble encore

re par le Succès de son Entreprise. Ce Théologien de la même trempe que lui, en voulant perdre Mr. de *Puffendorf* se perdit lui même; il tomba précisément dans la fosse qu'il avoit creusée à ce grand homme, & le Roi de *Suede* pour mieux flêtrir un si méchant procédé, & pour en marquer sa juste indignation, fit bruler publiquement, & par la main du Boureau tous les Ecrits de ce violent Théologien. Il ne lui servit de rien, que dans toutes les Universités, les Théologiens & les Philosophes prissent parti contre Mr. de *Puffendorf*, & se rangeassent de son coté; comme cela s'est pratiqué de tous temps en pareille occasion. Le Champ de bataille resta enfin à Mr. de *Puffendorf*. Ses ouvrages sont présentement entre les mains de tout le monde; on les estime infinement, & personne fait attention à tant d'Ecrits que l'on publie même encore contre lui, tandis que les Ecrits de l'infortuné *Schwartz* ne servent plus que de cornets & d'envelopes dans les Boutiques des Epiciers;

Epiciers & des Beurriéres; trop heureux encore de pouvoir être employés à de si vils usages.

TOURS D'ADDRESSE,

Dont se sert Mr. Lange *pour en imposer à ses Lecteurs par des Sophismes; & où l'on montre, de qui il emprunte ses Objections.*

1. Tout l'artifice de Mr. *Lange* se réduit, à savoir rapporter ses Accusations avec une hardiesse impudente, dans les termes les plus odieux & les plus amers, & avec autant de confiance, qu'on diroit que les erreurs, qu'il m'impute, se trouvent effectivement dans mes ouvrages; quoique tous les endroits, qu'il cite, en démontrent la fausseté. Il a aussi l'art de ramasser par cy par là dans mes Ecrits, des mots & des phrases, qui pris hors du sens, qu'ils ont dans l'ordre où je les ai placés, présentent, ainsi détachés, un Sens tout différent, & semblent favoriser ses accusations; mais ce n'est qu'aux yeux de ceux qui manquent de jugement,

ment, ou qui n'ont pas lû attentivement mes ouvrages.

Mr. *Hollmann* Professeur à *Gottingen* a déja remarqué, il y a long temps, dans *ses Observations Elenctiques* sur mes différens avec Mr. *Lange*, que *toute nôtre dispute ne rouloit que sur une Hypothése Philosophique, qui ne portoit aucune atteinte ni à la Religion ni au Bien public.* Plusieurs autres ont fait la même remarque. Mais qui est-ce qui peut ramener un homme, qui n'a ni honneur, ni conscience, ni crainte de Dieu?

2. Dès que l'on s'emancipe, & que l'on se donne la licence de tordre à son gré les expressions d'un Auteur, rien n'est plus facile que de lui prêter les plus dangereuses erreurs. La Parole même de Dieu ne seroit point à couvert d'un tel attentat!

3. Supposons, pour en donner un exemple, que Mr. *Lange* fut envoyé comme *Missionaire* à la *Chine*, pour convertir les *Chinois*, par le moïen de son Livre sur *l'Urim* & le *Thummim*, au défaut des Catho-

Catholiques qui l'ont entrepris envain depuis plusieurs années.

Supposons encore, que quelque Philosophe *Chinois* s' elevât contre lui, & qu'il le dénonçât à l'Empereur, en lui présentant un *Court Exposé des erreurs fondamentales* de Mr. *Lange*. Il me semble que ce Philosophe en imitant cette belle methode dresseroit son attaque à peu près de la maniére suivante. Je n'en donnerai qu'un petit echantillon de peur d'offenser la Majesté Divine, par un verbiage inutile.

I. ERREUR FONDAMENTALE.

L'apôtre de *Halle*, diroit-il, fait du Dieu Createur du Monde un simple homme; car il lui attribuë un corps semblable au nôtre, et il le représente comme ne voyant, que ce qui est à la portée de ses yeux; comme se plaisant à nuire à quiconque lui déplait, ou qu'il hait sans raison; & par consequent comme necessitant au peché, afin de pouvoir paroitre juste en punissant.

De-

DEMONSTRATION.

Genes. I. 1. Dieu créa le Ciel & la Terre.

Chap. III. 8. 9. Alors ils entendirent (Adam & Eve) au vent du jour, la voix de l' éternel Dieu, qui se promenoit par le Jardin; & Adam & sa femme se cachérent de devant l'éternel Dieu parmi les arbres du Jardin. Mais Dieu appella Adam & lui dit, où es-tu?

Chap. XVIII. 20. 21. Et l' Eternel dit; parce que le cri de Sodome & de Gomorrhe est augmenté, & que leur peché est fort aggravé, je descendrai maintenant & je verrai, s'ils ont fait entiérement selon le cri, qui est venu jusqu'à moi, & si cela n'est pas je le saurai.

Exod. Chap. XXXIII. 19. Je ferai grace à qui je ferai grace, & j'aurai compassion de celui de qui j'aurai compassion.

Chap. VII. 3. J'endurcirai le coeur de Pharaon, & je multiplierai mes ſignes, & mes miracles au Pays d'Egypte.

2. Sam. Chap. XII. 11. Ainſi a dit l'Eternel, j'enléverai les femmes devant tes yeux, & je les donnerai à un homme de ta maiſon, & il dormira avec tes femmes à la vûë de ce Soleil.

v. 12. Je le ferai en la préſence de tout Iſrael & devant le ſoleil.

Que répondroit Mr. *Lange* à une accuſation de cette force, ſoutenuë d'une Demonſtration, formée des propres paſſages de l'*Ecriture*, qu'il a cités dans ſon livre, & ſur lesquels il fonde toute ſa Doctrine? Je ſerois fort curieux de ſavoir ce qu'il penſeroit du Philoſophe *Chinois* ſon Antagoniſte? C'eſt juſtement ce qu'il doit penſer lui même de ſon Court Expoſé, & c'eſt le jugement qu'il faut porter de ſes artifices.

4.

4. Je remarque enfin, que toutes les Objections de Mr. *Lange* contre l'Hypothése philosophique de *l'Harmonie préétablie* sont empruntées des *Sociniens*, qui les font également contre la Doctrine de la Préscience Divine, sélon laquelle on établit, que Dieu a prévû de toute éternité les futurs contingens; c'est à dire, que telle ou telle chose arriveroit dans le temps, de telle ou telle maniére, & non autrement. Et en effet, on ne peut s'empêcher de reconnoître, à moins que l'on ne soit d'une condition aussi bornée, que Mr. *Lange*, qui ne connoit les choses que par leurs noms; on ne peut, dis-je, se dispenser de reconnoître, que la liberté de l'homme est aussi peu détruite par l'*Harmonie pré-établie* qu'elle l'est par la Doctrine de la Prévision de Dieu. C'est ce que Mr. *Jaquelot* & le Pére *Tournemine* (sans parler ici de plusieurs autres) ont prouvé clairement. En attendant, si les Objections de Mr. *Lange* portent, contre moi il faut necessairement qu'elles

les portent aussi contre lui, ou qu'il se déclare *Socinien* en ce point. Et si ce nom lui fait de la peine, il faut qu'il convienne, qu'il est lui même du caractére qu'il m' attribuë; c'est à dire un homme dangereux, qui renverse tous les fondemens de la Morale & de la Religion Chrétienne? C'est bien là l'idée qu'il voudroit donner de moi par ses Objections; mais ce sont des Objections, qu'on lui a fait à lui même, & à tous les Théologiens de sa trempe, avant qu'il me les ait faites.

SOM-

SOMMAIRE
DE
LA REPONSE,
QUE
MONS. WOLF
A FAITE, AUX IMPUTATIONS
DU DOCT. LANGE,
TRADUIT DE L'ALLEMAND
PAR
UN QU - - - T.

1736.

AVANT-PROPOS.

Les motifs de l' inimitié que Monſ. *Lange* a conçue contre moi, ſont ceux-ci.

1. Un grand nombre d'étudians, qui ſe ſervoient de mes inſtructions lorsque j'étois encore à Halle, trouvoient ſi peu de goût à celles de Monſ. *Lange*, qu'il n'eut presque plus d'Auditeurs, & c'eſt ce qui le mît d'abord de mauvaiſe humeur.

Il avouë lui même dans la feuille hebdomadaire, qui s'imprime à Halle ſous le titre de Hälliſche Anzeigen, No. XX. qu'il a eû beſoin d'un ordre du Cabinet, pour ſe procurer des Auditeurs, parce qu'il en manquoit, depuis qu'il étoit deſtitué de l'autorité & du Credit du feu Profeſſeur Francke.

2. Dans le temps que j'exerçai le Decanat, Mr. *Lange* soûhaita que je privasse le Sr. *Thummig* du droit d'adjonction, qu'il avoit obtenu dans la Faculté de Philosophie, & que j'en revêtisse Mr. *Lange* le fils.

3. Mr. *Lange* trouva insupportable, que, dans le temps de son *Pro-Rectorat*, les étudians marquassent tant d'égards pour moi, & tant de mépris pour lui. Il ne sauroit d'ailleurs me pardonner, que je n'aye pû deferer à plusieurs iniquités, qu'il exigea de moi, lorsqu'à mon tour j'exerçai la même fonction.

4. Feu *Thummig* ayant obtenû à ma recommendation une place de Professeur ordinaire, Mr. *Lange* trouva cela préjudiciable à son fils.

C'est ce qui anima Monf. *Lange*, à prêter l'oreille aux insinuations du Professeur *Straehler*, jaloux, comme lui, de la préference qu'on venoit de donner à *Thummig*. Il se servit du même *Straehler* pour m'accuser, de soûtenir des principes Athées. Son intention étoit

étoit de me faire decamper de Halle, de faire renvoyer *Thummig*, & d'obtenir ma chaire de Professeur pour son fils. Quant à *Straehler* il l'a recompensé de son assistance, en lui procurant la Profession extraordinaire.

Voilà les veritables sources de l'aversion que Mr. *Lange* a conçuë contre moi, & celles des faussetés qu'il m'impute.

Ce n'est pas qu'il n'en connoisse l'absurdité ; mais un faux point d'honneur l'a mis, pour ainsi dire, entre l'enclume & le marteau. D'un côté sa conscience lui fait sentir le tort qu'il m'a fait: D'un autre côté, ayant honte d'en convenir, & craignant d'en être responsable au Roi, il se croit dans la necessité de soûtenir, en depit de ses propres lumiéres, ce qu'il a avancé. Ayant evidemment tort, le plus sur, le plus Chrétien seroit sans doute de se retracter, pour rendre justice à la verité. Mais son orgueil ne le lui permettant pas, il prend un parti tout contraire. Il se flatte d'eluder par là le le juſte reſſentiment de Sa Maj. & de s'épargner la Confuſion qui l'attendroit, à ce qu'il croit, ſi jamais il étoit aſſés docile pour ſe dedire. C'eſt pourquoi il fait tous ces efforts pour plaider ſa cauſe le mieux qu'il peut.

Il eſt facile de comprendre, que la Situation de Monſ. *Lange* étant telle que nous venons de dire, il n'eſt guére probable, qu'on puiſſe jamais le mettre à la raiſon. Quelques demonſtrations, quelques remontrances qu'on lui ait faites depuis 13 Ans, il eſt toûjours reſté incorrigible, & de l'humeur, dont il eſt, il n'y a pas d'apparence, qu'il ceſſe de me blamer, tant que Dieu n'aura pas mis fin à nos differens, en l'appellant à lui.

REPONSE

aux imputations de Mr. Lange en general.

Il eſt bon de noter, que toutes les prétenduës erreurs fondamentales, que Mr.

Mr. *Lange* m'impute, ne ſont que des plats rechauffés. Ce ſont abſolument ſes anciennes imputations, aux-quelles j'ai tant de fois répondu; qui ne ſe trouvent point dans mes ouvrages; que je condamne moi même comme dangereuſes; & par lesquelles il tâche d'éblouir le monde, en tordant mes expreſſions, en leur attribuant un mauvais ſens, &, (comme tant d' autres le lui ont fait toucher au doigt:) en combattant par de vains ſophiſmes.

REPONSE

à la premiére imputation.

Je n'enſeigne nulle part, que l'homme ſoit une double machine, ou, comme s' exprime Mr. *Lange*, qu'il ſoit une double rouë de la grande Horloge du monde.

J'appelle avec les Medecins, & avec les Philoſophes de nos jours, le corps & le monde, des machines; façon de parler très-innocente, & qui eſt reçuë

&

& approuvée depuis long temps, par les ſavans de plus d'une nation.

L'ame, ſuivant ma doctrine, eſt un eſprit, ayant un entendement & une volonté libre, & qui eſt ſi bien immortel, qu'il eſt ſusceptible des peines & des recompenſes que l'homme aura meritées pendant ſa vie.

L'*Harmonie pré-établie*, ſur laquelle Mr. *Lange* fonde toutes ſes calomnies, n'eſt qu'une hypotheſe philoſophique, par laquelle on tâche d'expliquer la poſſibilité de l'union, que nous voyons par l'experience être entre le corps & l'Ame; tout comme les Aſtronomes ſe ſervent du mouvement de la Terre ſur ſon axe & autour du ſoleil, pour expliquer les Revolutions des Corps Celeſtes. C'eſt l'unique uſage que j'aye fait de cette hypotheſe, & il eſt faux que je l'aye reçuë comme une doctrine, pour renverſer des verités d'ailleurs reconnuës.

Il eſt cependant vrai, & le Théologien Jaquelot, & de ſavans du premier ordre conviennent, que l'*Harmonie pré-éta-*

établie ne détruit point la liberté de l'homme. Si elle le faisoit, il y a long temps qu'on l'auroit rejettée.

REPONSE

à la seconde imputation.

La seconde imputation, par laquelle Mr. *Lange* prétend inferer, comme une conséquence tirée de l' *Harmonie préétablie*, que je prive l'homme de sa liberté, cette imputation, dis-je, tombe d' elle même avec la premiére.

Ma Morale n'est point fondée sur cette harmonie ; mais sur la liberté de l'homme ; liberté, moyennant laquelle il depend de lui de choisir avec connoissance de cause & sans contrainte, entre le bien & le mal. Chacun est le maitre de s'en convaincre par mon livre même ; mais sur tout par les endroits, où j' explique les devoirs de l' homme envers Dieu, & où je fais voir avec plus de clarté, qu'on ne l'a fait jusqu' ici, que tou-

toutes nos actions doivent tendre à honnorer Dieu,& à l'honnorer comme tel.

La liaiſon ſi ſagement établie entre tous les êtres de ce monde n'eſt pas un *Deſtin*, ou une *neceſſité immuable*, contre laquelle (comme pluſieurs ſavans l'ont remarqué) perſonne n'allegue de plus forts argumens que moi: Mais c'eſt ce que tous les Théologiens appellent Préſcience divine, c. à. d. cette proprieté de Dieu, moyennant laquelle il prévoit tout ce qui eſt futur, ainſi que d'autres l'on fait voir depuis long temps à Mr. *Lange*.

La Prédeſtination eſt un point purement de Théologie, & il n'en peut être queſtion, dans un raiſonnement philoſophique.

REPONSE

à la troiſiéme imputation.

Que Dieu ait conçu de toute éternité, tout à la fois, & de la maniére la plus claire, tous les mondes, ou les liai-

liaiſons de tous les êtres poſſibles, c'eſt ce que jamais Theologien n'a nié:

Mais Mr. *Lange* trahit ſa propre conſcience, lorsqu' il m'accuſe de diſputer à Dieu la creation, priſe dans ſon veritable ſens. La fauſſeté de cette imputation eſt manifeſte, puisque j'enſeigne préciſement le contraire dans ma Metaphyſique §. 1053.

Je dis poſitivement, que la même faculté, par laquelle l'ame ſe fait une idée du monde, opére pareillement tout ce que nous connoiſſons d'ailleurs d'elle; tout comme la même faculté p. e. d'une chandelle allumée opére pluſieurs effets differens, en ce qu'elle luit, brûle, allume, echauffe, conſume &c. Il en eſt tout de même de l'ame: Mais il ne s'enſuit pas de là, comme le prétend Mr. *Lange*, que l'ame ne puiſſe former d'autres idées, que celles qui regardent des êtres corporels, ou que ces idées ſoient tout ce qu'il ſe trouve en elle.

RE-

REPONSE
à la quatriéme imputation.

J'ai dit, à la verité, qu'en disputant contre un Athée, il est difficile, de lui prouver d'une maniére convaincante, que le monde ait eû un commencement, & de tirer de là une conviction capable de lui persuader, qu'il y a un Dieu. Mais je n'ai nullement nié la possibilité de démontrer la Création, si l'on demontre préallablement par d'autres preuves, qu'il y a un Dieu. Et comment puis-je avoir le moindre doute là dessus, moi même l'ayant demontré dans mes ouvrages?

REPONSE
à la cinquiéme imputation.

Je ne fais nulle part l'apologie de l'Athéisme; je fournis au contraire des argumens pour le combattre, & j'indique tout ce qu'il a de dangereux.

Je ne mépriſe nullepart les preuves ſolides de l'exiſtence de Dieu. Je ne fais qu'indiquer celle d'entre les preuves ordinaires, qui me ſemble la plus forte, & la plus convenable pour reduire un Athée.

J'enſeigne qu'un Athée qui ſoûtiendroit cette propoſition: *Il n'y a point de Dieu*, n'en ſauroit tirer cette concluſion; *Donc, je puis vivre comme il me plait.* La raiſon en eſt, qu'en niant l'exiſtence de Dieu, il ne ſauroit nier, qu'il n'y ait de la difference entre ce qui eſt moralement juſte & injuſte. C'eſt une verité connuë à tous nos Theologiens, qui l'ont même enſeignée, il n'y a pas long temps.

J'ai prouvé dans mon traité de Politique §. 368. 369. par des argumens beaucoup plus forts, que ceux que Mr. *Lange* a pris la peine de copier, que l'Athéiſme eſt quelque choſe de fort dangereux, & que par conſequent les Athées averés ne ſauroient être ſoufferts dans une ſocieté.

Mr. *Lange* raporte avec beaucoup d'inexactitude les propres paroles des paſſages qu'il cite, en alleguant mes écrits.

O Il

Il n'y a pas de doute qu'il ne les cite ainsi par un mouvement de malice. Il se flatte apparemment qu'on s'en raportera à sa bonne foy, & que personne ne s'avisera de consulter ceux de mes livres, où il a puisé les endroits qu'il feint de raporter fidelement.

Mon discours touchant la Philosophie des Chinois ne contient absolument rien de tout ce que Mr. *Lange* en dit, & il est de notorieté publique, qu'il a été fort approuvé, non seulement en Allemagne, mais aussi dans des pays étrangers, depuis que je l'ai fait imprimer avec mes remarques.

REPONSE

aux Remarques.

Ma Morale, comme je l'ai déja remarqué ci-devant, n'est point batie sur des fondemens mechaniques, que Mr. *Lange* accuse de conduire à l'Athéisme.

Conformement aux Statuts j'ai enseigné publiquement les Mathematiques & la Physique; & ce n'est que dans des heu-

res

res privées que j'ai donné des Leçons de Philosophie; en quoi je n'ai rien fait qui ne se pratique tous les jours par d'autres Professeurs.

Je ne me suis jamais moqué de l'écriture Ste. Mr. *Lange* n'auroit pas manqué de me dénoncer comme un impie, si je m'étois oublié jusques là, étant encore à Halle. Il seroit superflu de m'étendre là dessus. Il n'y a qu'à lire mes écrits: On trouvera que je parle toûjours de la Bible avec tout le respect, qui lui est dû; d'autres savans m'ont rendu ce témoignage dans des écrits publics.

REPONSE

à la Réponse, que fait Mr. Lange à ceux qui prennent le parti de ma Philosophie.

Plusieurs Amis de la verité ont fait voir clairement à Mr. *Lange*, qu'il n'a d'abord rien compris à ma Philosophie, lorsque *Straehler* l'a induit à croire qu'il m'entendoit. Il ne sauroit manquer de m'avoir compris depuis: Mais il affecte toûjours de me trouver inintelligible, parce qu'il ſeroit contre ſes interêts de ſouſcrire à la verité;

Que s'il y en a d'autres qui ne m'ayent pas compris, c'eſt que, ſeduits par l'autorité de Mr. *Lange*, ils ont adopté aveuglement tout ce qu'il leur a fait accroire, n'ayant jamais lû eux mêmes mes ouvrages, ou les ayant lûs avec un esprit de prévention. En tout cas, l'argument qu'il prétend tirer de là ne fait guére contre l'evidence de ma Philoſophie. Le ſoleil n'en eſt pas moins lumineux, quoique tant de hiboux fuïent ſa lumiére, & que les taupes paſſent pour ne pas la voir du tout.

La multitude des écrits, ſur tout en Allemagne, ne prouve rien. Que ſi elle étoit de quelque poids, où en ſeroit la Faculté théologique de Halle, contre laquelle il en a paru beaucoup plus que contre moi? quoiqu'il ſoit notoire, qu'on a écrit, pour le moins autant pour, que contre moi.

Il en eſt de même de ce que Mr. *Lange* dit, au ſujet des Profeſſeurs ordinaires,

res, desquels il dit qu'aucun n'a adopté ma Philoſophie, quoiqu'on puiſſe facilement lui prouver le contraire.

Ce que Mr. *Lange* rapporte de la Suede, m'eſt entiérement inconnu. Il y a apparence qu'il aura cité ce fait à ſa mode, c. à. d. en l'alterant. Je m'en informerai cependant, & je ſuis presque ſur, que je trouverai les choſes tout autres, qu'il ne les rapporte. Il doit, au reſte, reconnoitre, lui même, que ces ſortes de defenſes ne prouvent rien, puisqu' autrement il ſe verroit obligé d'avouer, que la Faculté Théologique de Halle ſeroit mal à ſon aiſe, après ce qui s'eſt paſſé depuis peu à ſon égard.

Quant aux principes ſur lesquels Mr. *Reinbeck* fonde ſes Conſiderations ſur la Confeſſion d'Augsbourg, tout le monde en a d'abord reconnu la conformité aux miens. Auſſi Mr. *Lange*, dans une brochure, intitulée *Momus Religionaire*, der Religions-Spötter, a-t-il vivement entrepris la deſſus les deux prévôts des Egliſes Lutheriennes de Berlin.

Il n'eſt pas neceſſaire, que je m'explique mieux, dans le ſens que Mr. *Lange* le prétend. Il eſt évident que ſes accuſations ſont des calomnies demontrées, & qu'elles ſeront toûjours regardées comme telles.

Ma Philoſophie s'imprime en Italie, & cela ſe fait avec l'approbation de l'Inquiſition, qui n'a pas trouvé, qu'elle contient rien de contraire à la religion, ni à l'état. On n'y goûte pas moins mes Mathematiques, ré-imprimées à Geneve.

La raiſon, pourquoi Mr. *Lange* accuſe les Jeſuites d'Athéiſme, c'eſt que ceux de Paris n'ajoutent pas aveuglement foy à tout ce qu'il debite contre moi, & qu'ils ne ſe preſſent pas de me décrier en France comme un Athée, m'ayant au contraire (après avoir duëment examiné mon ſyſtéme) declaré innocent à cet égard, & comblé d'eloges.

REPONSE
à la Concluſion.

La raiſon qui engage Mr. *Lange* lui même, à rejetter la Bible de Wertheim, c'eſt c'eſt que ceux qui y ont travaillé ont tellement changé les paſſages qui traitent du Meſſie, qu'en admettant le ſens litteral de cette nouvelle traduction, on n'y reconnoit plus le Meſſie, quoique Grotius & Simon, ayent fait la même choſe long temps avant que je vinſſe au monde. Il eſt à noter, que l'auteur de cet ouvrage n'a pas fondé ſa traduction dans ma Philoſophie, mais dans la langue Hebraique, & que, ſi dans les remarques, il a emploié quelques definitions tirées de ma Philoſophie, il n'y en a point parmi, qui ſoit ſujette à la moindre mauvaiſe conſequence.

Mr. *Lange* nie, ou ſemble du moins douter, que le Roi ait bien voulu me rappeller à Halle.

Voici les raiſons, qui m'ont fait balancer ſur ce rappel:

1) Du côté de mon établiſſement préſent à Marbourg; Je n'ai pû quitter cet établiſſement, ſans me rendre indigne des graces, dont mon Bienfaiteur préſent m'a comblé; & mon Caractére n'eſt pas d'être ingrat.

 2) Du

2) Du côté de Halle; j'avouë que j'ai craint d'y retourner, ſachant que Mr. *Lange* s'y trouveroit toûjours dans mon chemin; & cette crainte n'étoit pas chimerique. Connoiſſant depuis long temps l'esprit inquiet & envieux de ce Docteur, j'ai prevû qu'il tenteroit toutes ſortes de voyes, pour me chagriner, & pour me faire decamper une ſeconde fois. Il ne ceſſe pas de me perſecuter actuellement, quoique je ſois fort éloigné de lui; que ne feroit-il pas, ſi nous demeurions, lui & moi, dans une méme ville? Il ne ſe cache pas méme de ces intentions. Il s'en explique clairement,

a) Dans la concluſion de ſon écrit préſent, où il declare, qu'il ne ceſſera jamais de faire tous ſes efforts pour me nuire,

b) Dans l'avertiſſement, qu'il vient de faire inſerer tout recemment dans la feuille ſusmentionée de Halle; S'arrogant le pouvoir d'interpreter les ordres du Roi, il y explique à ſa façon le ſens de celui, que S. M. a donné en dernier lieu, touchant la maniére d'inſtruire

les

les Etudiants en Théologie, & il aſſure, que cet ordre eſt une ſuite des converſations, qu'il dit avoir euës avec S. M. & que c'eſt une nouvelle interdiction de ma Philoſophie, quoique l'ordre lui même n'en faſſe aucune mention.

Il ne faut pas douter, que Mr. *Lange* ne continuë de me blâmer & de m'injurier de ſon mieux, ſoit directement lui même, ſoit indirectement par d'autres. Le Profeſſeur *Straehler* en a donné deux échantillons tout recens.

Or, ne ſerois-je pas bien imprudent de m'expoſer de gaïeté de çoeur à la Societé d'un tel homme, qui eſt naturellement inconſtant; qui a bû, pour ainſi dire, toute honte; qui n'a pas de conſcience lorſqu'il ſe croit tout permis? En verité, il n'y a rien de bon à faire à Halle, tant que Dieu n'aura pas retiré cet homme là du monde.

CONCLUSION.

Des Théologiens conſcientieux & impartiaux, qui auront lû avec quelque attention mes ouvrages, conviendront (ſi on leur ordonne de s'en expliquer ſelon leurs devoirs, & ſelon leur conſcience) que tout ce que je viens d'expoſer dans ce Sommaire, plus amplement detaillé dans ma réponſe principale aux imputations de Mr. *Lange*; eſt conforme à mon ſyſteme: Et des Jurisconſultes jugeront, combien Mr. *Lange*, lui même, s'eſt oublié jusqu'à préſent envers S. M. en lui inſinuant tant de fauſſetés, & jusqu'à quel point il vient de choquer le reſpect, qu'un ſujet doit à ſon maitre, lorsqu'il s'eſt erigé en interprête des ordres de ce Monarque.

www.ingramcontent.com/pod-product-compliance
Ingram Content Group UK Ltd.
Pitfield, Milton Keynes, MK11 3LW, UK
UKHW012028240726
13965UKWH00002B/634

9 782013 029254